写真　一之瀬ちひろ

毎日がつながる献立
目次

デザイン
林 修三
熊谷菜都美（リムラムデザイン）
新装保存版デザイン
細山田光宣　鎌内 文
（細山田デザイン事務所）
表紙写真
福尾美雪
表紙料理
瀬尾幸子
目次絵
秋山 花
プリンティングディレクター
山口理一（凸版印刷株式会社）

◎この本でご紹介しているレシピの計量単位は、カップ１杯は200mℓ、大サジ１杯は15mℓ、小サジ１杯は５mℓです。計量カップや計量スプーンで量りにくいものは、g、mℓ、ℓで示しています。
◎電子レンジの加熱時間は出力500Wのものを基準にしています。600Wの場合は0.8倍、700Wの場合は0.7倍の時間をめやすに加熱してください。
◎オーブントースターの加熱時間は出力1000Wのものを基準にしています。機種や庫内のサイズによって多少差がありますので、様子を見ながら加減してください。

この本は2015年10月5日に刊行した、別冊『毎日がつながる献立』を書籍化したものです。

毎日の献立をじょうずにつなげるために

◎ひとつの素材を買ってきたら、その日は「すぐに食べておいしい料理」を作り、残りの素材には「簡単な下ごしらえ」を。後日、まったく違う料理を作れる。

◎常備菜、タレ、ドレッシングなど、「これがあれば、当日は手間なしでもうひと品が出せる」という「作りおき」を用意しておく。

食事作りは、日々途切れなく続くものです。毎日の料理を負担に感じてしまう理由には、「単品のメニューをどう組み合わせて献立にするのか」ということや、「残った素材を、明日、あさってでどのように使うのか」ということ——つまり、「献立をつなげるむずかしさ」があるのかもしれません。

日々の献立をじょうずに「つなげる」ことができたなら、料理はもっと楽になり、もっと楽しくなるはずです。この本では、そのコツとレシピをご紹介します。

まずは、ひとつの素材をいつもより多めに買ってきて、その日は「すぐに食べておいしい料理」を作り、残りの素材には下味をつけるなどの「簡単な下ごしらえ」をしておきましょう。後日、下ごしらえした素材をさっと調理すれば、その日の料理は出来上がり。前回とはまったく違う料理になるので飽きずに味わえるうえに、買い物も一度で済むのがポイントです。

たとえば、肉と魚の２つの素材を買ってきた場合、この本のレシピでは、4～6日分の料理がまかなえます。魚の献立、肉の献立、魚の献立……と交互に組めば、栄養バランスがよく、より飽きがこないでしょう。

さらに、「これがあれば、当日は手間なしでもうひと品に」という「作りおき」を準備しておきます。そのままひと品になる常備菜のほか、味つけがぴたりと決まるタレ、野菜と和えるだけでおいしいサラダが作れるドレッシングなど。1回分作るのも、2～3回分作るのも手間は同じですし、日持ちするので、時間があるときにまとめて作っておくと便利です。

簡単な下ごしらえと、あるとうれしい作りおき——今日のちょっとしたひと手間が、明日、あさっての自分を必ず助けてくれます。献立を手早く楽にととのえ、日々じょうずにつなげていくために、どうぞ、この本をご活用ください。

この本の使い方をご紹介します

素材を多めに買ってくる

たとえばサバの場合、2枚おろしで4切れ、3枚おろしなら6切れ。これで、2人分2献立の主菜をまかなえます。

1日目は、新鮮な素材をすぐに食べておいしい料理に

サバの半量を塩焼きにし、香味野菜をのせていただくメニュー。新鮮なサバのおいしさをシンプルに楽しみます。

その日のうちに下ごしらえ

残り半量のサバはしょう油マリネに。冷蔵で2～3日保存でき、味がしっかりしみ込みます。

翌日以降は、下ごしらえした素材をさっと調理して

下ごしらえしたサバのしょう油マリネを揚げれば、主菜が手早く完成。副菜には作りおきのソースを活用します。

作りおきを活用

作りおきの四川ソースでせん切りにんじんを和えれば、副菜の完成。四川ソースは、タレやドレッシングとしても使えます。

有元葉子さんのつながる献立

料理　有元葉子　写真　日置武晴　スタイリング　高橋みどり

たとえば、これくらいまとめて買うと、４日分の献立をつなげることができます。

買ってきた日に下ごしらえを済ませて、８頁からご紹介している鶏むね肉の２献立、22頁からご紹介しているアジの２献立、計４献立をまかないます。

１日目の下ごしらえ

＊鶏のハーブマリネ（８頁）
＊アジの一夜干し（22頁）

１日目の献立（23頁）

- アジのしそ巻きフライ
- じゃがいものうす甘煮
- 豚汁
- ご飯

２日目の献立（９頁）

- 鶏の南蛮漬け
- ほうれん草といんげんのおひたし
- ししとうとじゃこの佃煮
- 椎茸とワカメのみそ汁
- ご飯

下ごしらえした素材で
３日目の献立（24頁）

- アジの網焼き ＊
- 野菜の揚げびたし
- ひじきのシンプル煮
- 春菊と油揚げのみそ汁
- ご飯

下ごしらえした素材で
４日目の献立（10頁）

- 鶏のオーブン焼き　ハーブ風味 ＊
- パプリカのサラダ
- トマトソースとバジルのパスタ

忙しい毎日こそが、献立をつなげる工夫を生み出します。

たとえ忙しくても、自分の手で作った食事を食べて、すこやかに暮らしたい。そう考えたなら、毎日の料理はごく自然につながっていくものだと思います。たとえば、使いきれずに残った生ものがあるとき、それをおいしく食べきるにはどうしたらいいだろう？　そう考えてわたしが始めた工夫のひとつに、オリーブ油やスパイス、ハーブなどで漬け込む「マリネ」があります。冷蔵庫で数日ねかせておけば、次の料理の「準備」になり、あとは焼くだけで主菜の出来上がり。それに野菜たっぷりのサラダでも添えれば、シンプルな献立がととのいます。

そして、もし冷蔵庫に作りおきのドレッシングがあったなら、市販品を使うよりもおいしいサラダが簡単に作れます。まとめてとり、小分けで冷凍しておいたダシやスープがあれば、汁ものや煮ものができますし、同じくトマトソースがあれば、パスタが作れる――。家に帰り、「さあ料理しよう」と思ったとき、何かひとつでもそうした「準備」があれば、料理はずいぶんと楽になります。「準備」と家にある食材を組み合わせて何が作れるか、とイメージすれば、献立を考えることも楽になるはずです。

買い物から帰ってきたら、食材を冷蔵庫にしまう前に、できるだけ早く準備を済ませましょう。肉や魚に塩をしたり、マリネにするほか、野菜はフレッシュに味わいたい分をそれ用にきちんと保存し、あとは切って塩揉みにしたり、干してから保存しておく。根菜をきんぴらにするなど、常備菜にしてもよいでしょう。こうして備えておけば、一度の買い物で3〜4日分くらいの料理をまかなえます。また、忙しい人にこそ、「まとめ作り」がおすすめです。かつおダシなら、かつおぶし1袋を使いきってとり、豆も1袋分まとめてゆでて、冷凍しておく。時間の貯金になりますし、乾物も開封すると味が落ちるので、おいしさも損ないません。

鶏肉などを蒸すとき、わたしは蒸し汁も保存しておいて、おいしいダシとして活用します。素材と向き合い、自分の暮らしともしっかりと向き合って、何ができるか考え、工夫すること。毎日の料理は、そうしてつながっていきます。

〈明日へつなげるヒント〉

◎野菜をよりよい状態で保存する

野菜が新鮮な状態で保存してあり、さらに作りおきのドレッシングがあれば、すぐにサラダが作れます。葉野菜やハーブは、よく洗ってザルを重ねたボールに入れ、ステンレス製のフタをして冷蔵庫へ。5日ほど新鮮さを保てます。

◎蒸し汁もダシとして生かす

蒸し器で肉を蒸すと、下段に蒸し汁が落ちますが、それも冷蔵・冷凍してダシとして活用しましょう。下段に香味野菜などを入れて蒸せば、おいしいダシになります。大きめの鍋に脚つきのアミを入れ、その上に肉を置いて蒸しても結構です。

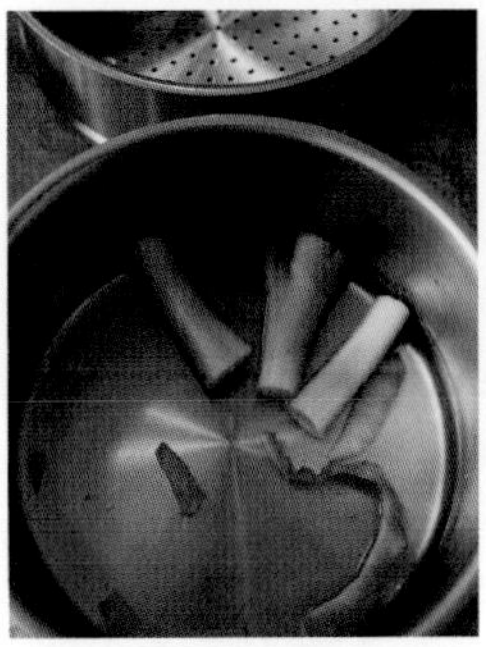

有元葉子さんの献立素材

鶏むね肉

鶏むね肉4枚で2人分2献立の主菜を作ります。
1日目は南蛮漬けにし、残りはハーブマリネにしておきます。

1日目は、すぐに食べて
おいしい料理に

鶏の南蛮漬け

〈献立は9頁〉

揚げたての鶏肉とたっぷりの玉ねぎを南蛮酢に漬け込みます。南蛮酢は煮切ったみりんを加えることで、まろやかな味わいに。翌日までおいしく味わえる料理なので、多めに作っておくのもおすすめです。

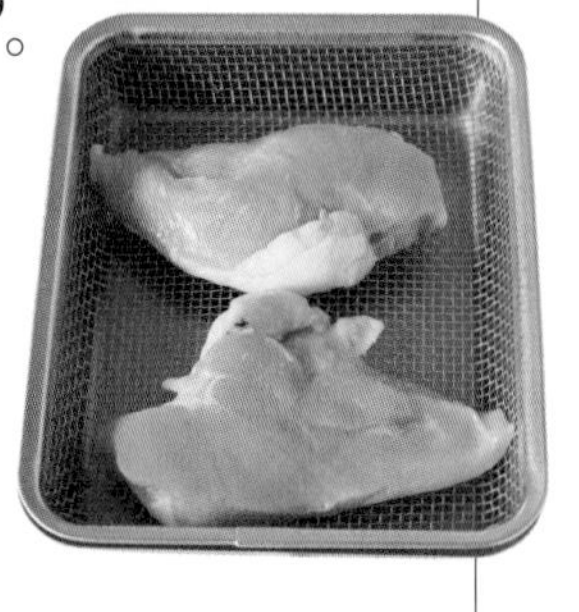

翌日以降のために
下ごしらえをしておきます

鶏の
ハーブマリネ

冷蔵
2~4日

→ 鶏のオーブン焼き ハーブ風味
〈献立は10頁〉

下味と香りがしみ込み、深みのあるおいしさになります。

材料
- 鶏むね肉（皮つき）…２枚
- にんにく…１～２片（すりおろし）
- タイム、ローズマリー…各２本

※どちらか１種でも。
- 塩、黒コショー、オリーブ油…各適量

作り方

鶏肉はバットに入れて両面に塩・コショーし、にんにくをのせ、タイム、ローズマリーの葉を適当にちぎって散らします。オリーブ油をたっぷりまわしかけてから手で揉んでなじませ、ラップかステンレス製のフタをします。ラップの場合は２日ほど、ステンレス製のフタの場合は３～４日冷蔵保存できます。

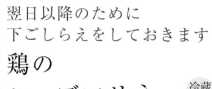

1日目の献立
◎鶏の南蛮漬け
◎ほうれん草といんげんのおひたし
◎ししとうとじゃこの佃煮（39頁）
◎椎茸とワカメのみそ汁
◎ご飯

主菜 鶏の南蛮漬け

ピリ辛の南蛮酢がしみ込んだ、食の進むひと品です。

材料（2人分。煮切りみりんは作りやすい分量）
- 鶏むね肉（皮つき）…2枚
- 紫玉ねぎ…1コ（または玉ねぎ。タテに幅7㎜に切る）
- 唐辛子…2本（タテ半分に割いて種を除く）
- 塩、揚げ油…各適量
- みりん…カップ1/2杯
- 酢…カップ1/3杯
- しょう油…カップ1/4杯

作り方

1 鶏むね肉は両面に軽く塩を振り、1時間以上おきます。

2 小鍋にみりんを入れて強火にかけ、アルコールをとばして煮切り、冷まします。

3 南蛮酢を作ります。ボールに2の煮切りみりんを小サジ1杯入れ、酢、しょう油、唐辛子を混ぜ合わせます。紫玉ねぎを加えて和え、少ししんなりするまで20～30分おきます。

4 1の水気を拭き取り、170℃の揚げ油できつね色に揚げて油をきります。すぐに3の南蛮酢に浸し、上下を返しながら粗熱を取ります。

5 鶏肉に味がなじんだら取り出し、身側から庖丁を入れて食べやすくそぎ切りにします。器に盛り、玉ねぎをのせて、南蛮酢適量をかけます。

副菜 ほうれん草といんげんのおひたし

材料・作り方（2人分） ほうれん草5株、さやいんげん12本は、それぞれ塩少々を加えた熱湯でかためにゆで、平ザルに上げて冷まします。ほうれん草は水気をしぼって長さ4等分に切り、さらにしぼります。いんげんは長さ3等分位に斜め切りにします。バットに煮干しダシ（40頁）カップ1/2杯、しょう油大サジ1杯、塩2つまみ、好みでダシの煮干しを合わせ、ほうれん草、いんげんを浸します。

汁もの 椎茸とワカメのみそ汁

材料・作り方（2人分） 椀2つにワカメ適量を入れます。鍋に煮干しダシ（40頁）カップ2杯を入れて中火にかけ、油揚げ1枚（油抜きをしてあられ切り）、椎茸1枚（うす切り）を加えて軽く煮ます。みそ大サジ1杯を溶き入れ、長ねぎ適量（小口切り）も加えて、煮立つ前に火を止めます。ワカメの椀に注ぎ、好みで七味唐辛子を振ります。

翌日以降の献立「鶏のハーブマリネ」を使って

翌日以降の献立
◎鶏のオーブン焼き ハーブ風味
◎パプリカのサラダ
◎トマトソースとバジルのパスタ

下ごしらえした「鶏のハーブマリネ」（8頁）を使った主菜

主菜 鶏のオーブン焼き ハーブ風味

マリネの効果で、柔らかく、香り豊かな味わいに。

材料（2人分）
•鶏のハーブマリネ（8頁）…全量（常温）　•ズッキーニ…1本（厚さ1.5cmの輪切り）　•セージ（葉）…8枚　•オリーブ油、塩…各適量

作り方
1　オーブンの天板にクッキングシートをしき、手前にセージを並べ、上にズッキーニを切り口を上にしてのせて、オリーブ油をまわしかけます（天板の代わりに、オーブン対応のフライパンや耐熱皿でも）。鶏肉も皮面を上にして並べ、ハーブをのせて200℃のオーブンに入れます。
2　ズッキーニは竹串がスッと通るまで10分ほど焼き、セージごと取り出します。鶏肉は、火の通りが均一になるようときどき位置を変えながら、表面がパリッとするまで20～30分焼きます。器に盛りつけ、ズッキーニに塩を振ります。

副菜 パプリカのサラダ

パプリカをスパイシーな味つけで楽しみます。

材料（2～3人分）
•赤パプリカ、黄パプリカ、オレンジパプリカ…各1コ　•玉ねぎドレッシング（42頁）…大サジ4杯　•オレガノ（ドライ）、パプリカ（粉末）、粉唐辛子、塩（あれば粒子が大きめのもの）…各適量
※オレガノは好みのハーブで、粉唐辛子はチリペッパーで代用可。

作り方
1　パプリカはタテに幅1cm弱の斜め切りにします。
2　1をボールに入れ、玉ねぎドレッシングを加えて和えます。さらに味をみながら、残りの材料を加えて和えます。
※翌日もおいしく味わえます。

主食 トマトソースとバジルのパスタ

シンプルを極めたパスタ。チーズでコクを加えます。

材料（2人分）
•スパゲティ（1.9mm。またはペンネなどのショートパスタ）…160g　•トマトソース（43頁）…カップ1杯強　•バジル（葉）…3本分　•パルミジャーノ・レッジャーノ…3つかみ（すりおろし）　•塩…大サジ1 1/3杯

作り方
1　鍋に湯2ℓを沸かして塩とスパゲティを入れ、表示時間より30秒ほど短くゆでます。
2　スパゲティがゆで上がる前に、フライパンにトマトソースを入れて弱火にかけて温めます。ゆで上がったスパゲティをトングで引き上げて加えて和え、バジル、パルミジャーノ・レッジャーノ2つかみも加えてさらに和えます。
3　器に盛りつけ、残りのパルミジャーノ・レッジャーノをのせます。

主菜
アレンジのヒント

主菜は、鶏のハーブマリネをフライパンで焼くのもおすすめ。フライパンにマリネ液のオリーブ油大サジ2杯を中火で熱し、鶏肉を皮面を下にして入れます。皮面を色よく焼き、返して軽く焼いてから、フタをして弱めの中火にし、中に火が通るまで10分ほど蒸し焼きにします。ズッキーニもフライパンで両面を焼き、最後にセージを加えて軽く炒め合わせます。

有元葉子さんの献立素材

鶏手羽先

鶏手羽先16本で3〜4人分2献立の主菜を作ります。
1日目は炒め煮にし、残りは蒸してからマリネしておきます。

1日目は、すぐに食べて
おいしい料理に

手羽先と根菜の炒め煮

〈献立は13頁〉

鶏手羽先と根菜を炒めてから煮ると、味のしみ込んだ煮ものがスピーディーに作れます。鶏手羽先は、塩を振って余分な水分を出すとうま味が凝縮されますが、この「振り塩」の作業は下ごしらえ（下記）と共通なので、一緒に済ませましょう。炒め煮は、翌日以降は味がなじんでよりおいしくなるので、多めに作るレシピをご紹介します。

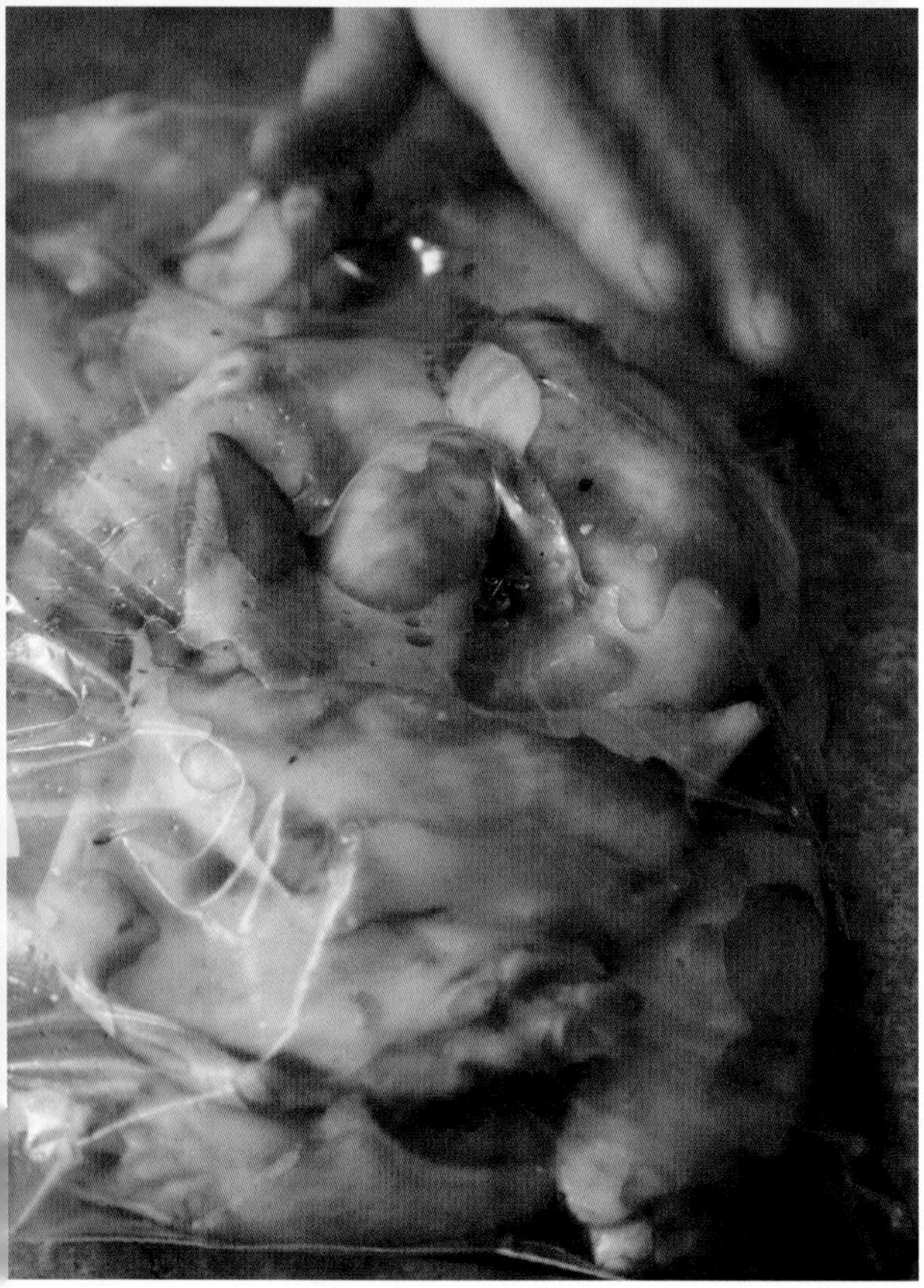

翌日以降のために
下ごしらえをしておきます

蒸し手羽先のマリネ

冷蔵* 1~2日　冷凍* 3週間

→ 手羽先のしょう油揚げ〈献立は14頁〉

蒸した手羽先をマリネし、蒸し汁も翌日以降の料理に生かします。

材料（3人分）

• 鶏手羽先…10本　• 塩…大サジ½杯
A • しょうが（皮）、長ねぎ（青い部分）、水…各適量（水はカップ4〜5杯位がめやす）　Bマリネ液 • しょう油…カップ⅓杯 • にんにく…適量（すりおろし） • 黒コショー…適量

作り方

1 鶏手羽先は塩を振って1時間以上おき、よく洗って水気を拭き取ります。　**2** 蒸し器の下段にAを入れ、上段に1を入れてフタをして強火にかけ、煮立ったら中火にして15分ほど蒸します。
3 保存用ポリ袋にBと蒸し上がった2を熱いうちに入れ、空気を抜いて閉じます。ときどき袋の上下を返して味をなじませます。
※蒸し器の下段に落ちた蒸し汁は、漉して保存容器に入れます。

＊蒸し汁は、冷蔵で1〜2日、冷凍で3週間ほど保存できます。

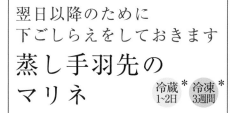

主菜　手羽先と根菜の炒め煮

手羽先のうま味を生かし、こっくりと煮上げます。

材料（3～4人分）
•鶏手羽先…6本　•じゃがいも…4コ　•にんじん…2本　•ごぼう…1本　•しょうが…1片（うす切り）　•昆布…10cm角　•塩…大サジ1/2杯　•水、ごま油…各適量
A•日本酒…カップ1杯　•みりん、しょう油…各大サジ3杯

作り方

1　鶏手羽先は塩を振って1時間以上おき、よく洗って水気を拭き取ります。昆布はバットに入れてヒタヒタの水（カップ2杯位）でもどし、2～3cm角に切ります（もどし汁は残しておきます）。

2　じゃがいもは皮をむいて2等分に切り、にんじん、ごぼうは皮つきのままひと口大の乱切りにし、それぞれ水に浸してザルに上げます。

3　鍋にごま油を中火で熱してしょうがをさっと炒め、手羽先を加え、両面に焼き色をつけます。2を加えて炒め、少し焼き色がついたら、昆布ともどし汁、Aを加え、さらに水をヒタヒタになるまで注ぎます。

4　煮立ったら弱めの中火にして紙ブタをし、その上に落としブタをします。途中で1～2回材料の上下を返し、汁気が少なくなるまで30分ほど煮ます。

副菜　塩揉み野菜のサラダ

材料・作り方（2人分）　きゅうり1本は厚さ1cmの斜め切りに、玉ねぎ小1/2コはヨコに幅1cmに切り、各塩小サジ1/2杯を振って30分ほどおき、水気をよくしぼります。ミディトマト3コはクシ形に切ります。ボールに入れ、酢油ドレッシング（42頁）カップ1/4杯としょう油小サジ1杯を混ぜ合わせて加え、和えます。青じそ8枚を大きめにちぎって加え、黒コショーを振って和えます。

汁もの　せん切り大根のみそ汁

材料・作り方（2人分）　大根6cmはごく細いせん切りにし、油揚げ1枚は油抜きをしてから2枚に開き、同様に切ります。鍋に煮干しダシ（40頁）カップ3杯、油揚げを入れて中火で軽く煮て、みそ大サジ2 1/2杯を溶き入れます。大根を加え、さっと温めて器によそい、好みで七味唐辛子を振ります。

鶏手羽先

翌日以降の献立「蒸し手羽先のマリネ」を使って

下ごしらえした「蒸し手羽先のマリネ」（12頁）を使った主菜

主菜

手羽先のしょう油揚げ

火が通っているので、手早くパリッと揚がります。

材料（3人分）
- 蒸し手羽先のマリネ（12頁）…全量
- 揚げ油…適量

作り方

1 手羽先は汁気をきり、さらに拭き取ります。

2 揚げ油を170℃に熱します。手羽先を入れ、中火で全体が色よくなるまで揚げたら、強火にしてパリッと仕上げ、油をきります。

2

副菜

野菜のスープ蒸し

野菜の歯ごたえと、まろやかなスープを楽しみます。

材料（2人分）
- 小松菜、チンゲン菜などの青菜…150g
- スナップえんどう…10本
- しめじ…1/3パック
- 手羽先の蒸し汁（12頁）…全量
- 塩…適量
- 片栗粉…大サジ1杯（倍量の水で溶く）

作り方

1 青菜は長さ5cmに切り、葉と茎に分けておきます。スナップえんどうはスジを取ります。しめじは石突きを落としてほぐします。

2 鍋に手羽先の蒸し汁、青菜の茎、塩1つまみを入れ、弱めの中火にかけてフタをします。茎が少し柔らかくなったらしめじを加えてフタをし、しめじに少し火が通ったら、スナップえんどう、青菜の葉を加えてフタをします。

3 スナップえんどうに火が通り、色鮮やかになったら、味をみて塩でととのえます。水溶き片栗粉を様子を見ながら少しずつ加えて混ぜ、うすくトロミがついたら火を止めます。

※野菜は少しかために火を通し、シャキッとした食感に仕上げるとよいでしょう。また、水溶き片栗粉は、鍋のところどころに少しずつ加えて混ぜると、ダマになりません。

3

主菜

アレンジのヒント

主菜は、蒸し手羽先のマリネを、200〜220℃のオーブンやオーブントースターで、皮がパリッとするまで焼くのもおすすめです。また、残ったマリネ液は冷蔵保存し、スープや炒めものに活用するとよいでしょう。

有元葉子さんの献立素材

豚ひき肉

豚ひき肉600gで2~3人分3献立の主菜または主食を作ります。
1日目はつくね揚げにし、残りはひき肉炒めにしておきます。

1日目は、すぐに食べて
おいしい料理に

根菜のつくね揚げ

〈献立は17頁〉

ひき肉をつなぎにし、たっぷりの根菜を味わうひと品です。根菜に限らず、さやいんげん、ピーマン、椎茸、大根の葉など、季節ごとに好みの野菜を使い、また、レシピの分量より多く加えてもかまいません。揚げてから冷凍保存もできるので、多めに作るレシピをご紹介します。おべんとうのおかずや、うどんの具などに活用してください。

翌日以降のために
下ごしらえをしておきます

豚のひき肉炒め

冷蔵 4~5日　冷凍 2週間

→ 季節野菜のドライカレー〈献立①は18頁〉
→ エスニック風玉子焼き〈献立②は20頁〉

炒めてから油をきることで、固まらず、さっぱりとしたおいしさになります。

材料（作りやすい分量）

• 豚ひき肉…400g
• しょうが、にんにく…各1片（ともにみじん切り）
• オリーブ油…大サジ1杯　• しょう油…大サジ2杯

作り方

1 フライパンにオリーブ油を強めの中火で熱し、しょうが、にんにく、ひき肉を入れてヘラで炒めます。　**2** 肉の水分をとばし、油の中で少しカリッとするまで炒めたら（肉がはねる位がめやす）、ボールに重ねたザルに移し、数分おいて油をきります。**3** フライパンに2を戻し入れて中火にかけ、しょう油を加えて、フライパンの底についたうま味をヘラでこそげながら炒めます。肉がしょう油を吸ったら火を止めます。

1日目の献立
◎根菜のつくね揚げ
◎小松菜のきんぴら風
◎白菜の蒸し煮
◎白滝の炒り煮（39頁）
◎ご飯

主菜 根菜のつくね揚げ

カリッと香ばしく、根菜の風味が豊かに広がります。

材料（3人分）
•豚ひき肉…200g •ごぼう…1/3本 •れんこん…3cm •にんじん…1/2本 •大根…6cm（おろす） •長ねぎ…5cm（みじん切り） •しょうが…1片（みじん切り） •玉子…1コ •片栗粉…大サジ1杯 •酢、揚げ油…各適量

作り方
1 ごぼうは皮をよく洗って斜めうす切りにし、れんこんは皮つきのまままうすい半月切りにします。それぞれ別の酢水に浸し、ザルに上げます。にんじんは皮つきのまま半分をうすい半月切りにし、残りをみじん切りにします。
2 ボールに1、ひき肉、長ねぎ、しょうが、玉子、片栗粉を入れ、手でよく練り混ぜます。
3 2を10等分にし、ヘラなどの上でうすく形作って170℃の油に入れます。中火で全体を色よく揚げたら、強火でカリッと仕上げ、油をきります。器に盛り、大根おろしと辛子じょう油（分量外）を添えます。

副菜 小松菜のきんぴら風

材料・作り方（2人分） 小松菜1束は長さ4cmに切り、根元に近い茎は細切りにし、真ん中の茎、葉の部分と分けておきます。鍋にごま油適量を中火で熱し、油揚げ1枚（油抜きをして短冊切り）を軽く炒めます。小松菜を根元のほうから順に時間差で加え、油がなじむまで炒めます。日本酒大サジ2杯を加え、軽くしんなりとしたら、しょう油大サジ1杯を加えてさっと炒めます。味見をして塩気をととのえ、バットに移して冷まします。

副菜 白菜の蒸し煮

材料・作り方（2人分） フタがきっちりできる鍋に、白菜1/8株、水大サジ1〜2杯を入れてフタをして弱火にかけ、充分に柔らかくなるまで蒸し煮して、火を止めます。酢大サジ1杯をまわしかけてフタをして数分おき、芯を落として食べやすく切り、辛子じょう油を添えます。

翌日以降の献立①
◎季節野菜のドライカレー
◎葉野菜のサラダ

下ごしらえした「豚のひき肉炒め」（16頁）を使った主食

主食

季節野菜のドライカレー

野菜のみずみずしさが生きた、スパイシーなひと皿。

材料（2人分）
- 豚のひき肉炒め（16頁）…半量
- なす…1本
- きゅうり…1/2本
- 紫玉ねぎ（または玉ねぎ）…1/2コ
- ミニトマト…6コ
- 玄米ご飯（好みで白いご飯でも）…適量
- 塩…小サジ2/3杯
- 揚げ油…適量

A
- クローブ（ホール。あれば）…少々
- クローブ（粉末）…小サジ1/3杯
- クミン（粉末）…小サジ1/2杯
- カレー粉…小サジ1杯

作り方

1 きゅうりは厚さ7㎜の輪切りにし、玉ねぎはタテに幅1㎝に切ります。ボールに入れ、塩を振って軽く混ぜ、水気が出るまで20分ほどおきます。

2 ミニトマトは、ヨコ半分に切ります。

3 揚げ油を180℃に熱し、なすを乱切りにしてすぐに油に入れます。フチがうすく色づいたら、引き上げて油をきります。

4 フライパンを中火にかけ、ひき肉炒め、Aを入れて炒め合わせます。香りが立ったら、きゅうり、玉ねぎの水気をよくしぼって加え、ミニトマト、なすも加えて、さっと炒め合わせて火を止めます。

※野菜を加えたら、「和える」感覚で混ぜ合わせ、炒め過ぎないようにします。

5 器にご飯をよそい、4を添えていただきます。

副菜

葉野菜のサラダ

葉野菜のパリッとしたおいしさを楽しみます。

材料（2人分）
- サニーレタス…1コ

※キャベツやクレソンでも。
- オリーブ油…適量
- 白ワインビネガー…適量
- 塩（あれば粒子が大きめのもの）…適量
- 黒コショー…適量

作り方

1 サニーレタスは丸ごと氷水に浸し、パリッとさせます。葉を食べやすくちぎって水気をきり、ボールに入れます。

2 味をみながら、オリーブ油、ワインビネガー、塩・コショーを加え、葉によくまとわせるように和え、器に盛りつけます。

※水気が出るので、できるだけ食卓にのせる直前に和えましょう。

主食

アレンジのヒント

ドライカレーのなすは、揚げる代わりに、きゅうりや紫玉ねぎと同様に塩揉みにすると、さっぱりとしたおいしさになります。また、ごぼう、にんじん、れんこん、さやいんげんなど、そのときどきの季節の野菜を取り合わせて使い、根菜は素揚げにしてもよいでしょう。葉野菜でご飯とカレーを包んでいただくのもおすすめです。

翌日以降の献立②
◎エスニック風玉子焼き
◎ゆで野菜のサラダ
◎季節野菜のスープ
◎ご飯

翌日以降の献立②「豚のひき肉炒め」を使って

下ごしらえした「豚のひき肉炒め」(16頁)を使った主菜

主菜 エスニック風玉子焼き

ナムプラーを効かせ、ひき肉たっぷりの食べごたえ。

材料（2人分）
- 豚のひき肉炒め（16頁）…半量
- 玉子…4コ
- 香菜（あれば。他のハーブ類でも）…適量
- ナムプラー…大サジ1/2〜1杯
- 黒コショー…適量
- サラダ油…大サジ1杯

作り方

1 フライパンを中火にかけてひき肉炒めを温め、ナムプラーを加えて混ぜ、なじんだら火を止めます。

2 香菜を使う場合は、葉を食べやすく切り、茎はみじん切りにします。

3 ボールに1を入れ、玉子を割り入れてよく混ぜ合わせ、2の茎、黒コショーを加えて混ぜます。

4 直径16cm位の小さめのフライパンにサラダ油の半量を入れ、弱めの中火でよく熱し、3の半量を入れます。菜箸で表面をかき混ぜながら焼き、下面が固まってきたら、ヘラで4等分に切り分けて裏返します。裏面に軽く焼き目がつくまで焼き、器に盛ります。

5 手順4をくり返し、玉子焼きに香菜の葉を添えます。

副菜 ゆで野菜のサラダ

野菜は食感を残し、手作りマヨネーズで和えます。

材料（2人分）
- ブロッコリー…6房
- さやいんげん…10本
- トマト…1コ
- 塩、マヨネーズ（43頁）…各適量

作り方

1 ブロッコリーは茎を長めに1房ずつ切ります。スが入っていたら切り落とし、茎の下のほうから庖丁を入れて皮をむきます。さやいんげんは両端を落とし、長さ半分に切ります。トマトは食べやすく切ります。

2 鍋に湯を沸かして塩少々を入れ、ブロッコリー、さやいんげんをややかためにゆで、ザルに上げて冷まします。

3 ボールにすべての野菜とマヨネーズを入れ、ざっくりと和えます。

汁もの 季節野菜のスープ

ベースも具材も野菜だけで作る、やさしい味わい。

材料（2人分）
- 白菜…1枚
- にんじん…1/3本
- しめじ…1/4パック
- 椎茸…2枚
- 野菜のスープ（41頁）…適量（約カップ3杯）
- 塩…適量
- 黒コショー…適量

作り方

1 白菜は葉と芯に分け、葉を食べやすく切り、芯は食べやすくそぎ切りにします。にんじんは皮をむいて3cm角位のうす切りにします。しめじは石突きを落としてほぐします。椎茸は石突きを落としてうす切りにします。

2 直径18cm位の鍋に1を入れ、野菜のスープをヒタヒタより少なめに注ぎます。フタをして中火にかけ、野菜が柔らかくなるまで煮ます。

3 塩3つまみを加え、味をみてうすければ塩でととのえます。器によそい、黒コショーを振ります。

有元葉子さんの献立素材

アジ

アジの三枚おろし4尾分で2人分2献立の主菜を作ります。
1日目はフライにし、残りは一夜干しにしておきます。

1日目は、すぐに食べておいしい料理に

アジのしそ巻きフライ

〈献立は23頁〉

三枚おろしになったアジを買ってくれば、手軽に作れるひと品です。衣のパン粉はごく細かく挽くことで、吸収する揚げ油の量が少なくなり、さっぱりとした味わいに。ソースのほか、しょう油や塩などもよく合います。

翌日以降のために下ごしらえをしておきます

アジの一夜干し

冷蔵 1日　冷凍 2週間

→ アジの網焼き〈献立は24頁〉

冷蔵庫内の乾燥した空気を利用して、ごく簡単に作れる一夜干し。新鮮なアジと好みの塩で作れば、格別なおいしさです。

材料（2人分）

- アジ（三枚おろし）…2尾分
- 塩（粒子が細かくパラリとしたもの）…適量

作り方

1　アジは小骨をていねいに抜き、両面に塩を軽くまんべんなく振ります。バットに重ねた角ザルに、身側を上にして重ならないように並べ、ラップをせずに冷蔵庫に入れます。

2　一晩ほどおき、身側を触ってみてベタッとしない程度に乾いていたら出来上がり。冷凍するときは1切れずつラップで包みます。

1日目の献立
◎アジのしそ巻きフライ
◎じゃがいものうす甘煮
◎豚汁　◎ご飯

主菜 アジのしそ巻きフライ

衣はサクッと軽く、しそが香るアジフライです。

材料（2人分）
・アジ（三枚おろし）…2尾分
・青じそ…12枚　・レモン…2切れ（クシ形に切る）　・パン粉、塩、小麦粉、溶き玉子、揚げ油、ソース…各適量

作り方

1　パン粉はフードプロセッサーやミキサーなどでごく細かく挽きます。

2　アジは小骨をていねいに抜き、両面に塩を軽く振って、それぞれを3つにそぎ切りします。

3　アジに小麦粉をうすくまぶして1切れずつ青じそ1枚で巻きます。さらに小麦粉をまぶし、手ではたいて余分な粉を落としながら、しそを密着させます。

4　3を溶き玉子にくぐらせ、パン粉をしっかりとつけます。170℃の揚げ油に入れ、衣がカリッとするまで揚げて油をきります。器に盛りつけ、レモンとソースを添えます。

副菜 じゃがいものうす甘煮

材料・作り方（2人分）　じゃがいも4コは皮をむき、2等分に切って水にさらします。水気をきって鍋に入れ、たっぷりの水と塩1つまみを加えて中火にかけ、煮立ったら湯をきります。鍋に戻し入れ、新しい水をヒタヒタになるまで加え、砂糖大サジ2杯、しょう油小サジ1杯も加えて、落としブタをして中火にかけます。煮立ったら弱めの中火にし、汁気がほぼなくなり、竹串がスッと刺さる位まで煮たら、上下を返し、鍋を揺すりながら汁気をとばして粉ふきにします。

汁もの 豚汁

材料・作り方（2人分）　豚うす切り肉5枚は食べやすく切ります。こんにゃく40gはゆでてアク抜きし、2cm角のうす切りにします。油揚げ1枚は油抜きし、あられ切りにします。大根、にんじん各3cmはいちょう切りにし、ごぼう5cmは斜めうす切りにします。鍋にごま油適量を中火で熱して豚肉を炒め、そのほかの具材も油がまわるまで炒めて、煮干しダシ（40頁）カップ$\frac{1}{2}$杯を加えます。野菜に火が通るまで煮たら、みそ大サジ$1\frac{1}{2}$～2杯を溶き入れます。ほうれん草2本（長さ4cmに切る）、長ねぎ少々（小口切り）を加え、さっと煮て火を止めます。

翌日以降の献立　「アジの一夜干し」を使って

翌日以降の献立
◎アジの網焼き
◎野菜の揚げびたし
◎ひじきのシンプル煮(38頁)
◎春菊と油揚げのみそ汁
◎ご飯

下ごしらえした「アジの一夜干し」（22頁）を使った主菜

主菜 アジの網焼き

身が柔らかく、うま味が凝縮したおいしさです。

材料（2人分）
・アジの一夜干し（22頁）…全量
・エリンギ…3本
・すだち…2コ

作り方
1 エリンギはタテ半分、長さ半分に切ります。すだちはヨコ半分に切ります。
2 焼きアミを弱火～弱めの中火にかけてよく熱し、エリンギをのせ、アジの一夜干しは皮面を下にしてのせます。様子を見ながら上下を返して焼き、エリンギは全体にうすく焼き色がついたら、アジは両面がこんがりと焼けたら、器に移します。すだちを添えていただきます。

※アジは弱めの火加減でじっくりと焼くと、おいしく仕上がります。

副菜 野菜の揚げびたし

コクのある揚げびたしに、みょうがの香味を添えて。

材料（2人分）
・かぼちゃ…$\frac{1}{8}$コ　・にんじん…$\frac{1}{3}$本　・れんこん…$\frac{1}{2}$節　・ごぼう…$\frac{1}{3}$本　・里いも…2コ
・みょうが…2コ　・麺つゆ（40頁）…適量（約カップ$\frac{1}{2}$杯）　・揚げ油…適量

作り方
1 みょうがはうすい小口切りにし、水にさらして水気をきります。かぼちゃは厚さ1.5cmに切ります。にんじん、れんこんは皮つきのまま（好みでむいても）、細長い乱切りにします。ごぼうは皮をよく洗って、細長い乱切りにします。里いもは皮をむき、厚さ1cmに食べやすく切ります。
2 大きめのボールに麺つゆを入れます。揚げ油を160℃に熱し、かぼちゃを入れて中火で中まで火を通し、油をきって麺つゆに浸します。油の温度を170℃に上げ、残りの野菜を1種類ずつこんがりと揚げて油をきり、すぐに麺つゆに浸します。
3 麺つゆごと器に盛り、みょうがをのせます。

汁もの 春菊と油揚げのみそ汁

煮干しダシの力強い風味に、春菊がさわやかです。

材料（2人分）
・春菊…3本　・油揚げ…1枚
・煮干しダシ（40頁）…カップ2杯強　・みそ…大サジ$1\frac{1}{2}$～2杯

作り方
1 春菊は、茎をうすい小口切りにし、葉を長さ1cmに切ります。油揚げは油抜きし、幅7mmの短冊切りにします。
2 鍋に煮干しダシを入れて中火で温め、春菊、油揚げを加えて軽く煮ます。みそを溶き入れ、煮立つ前に火を止めます。

主菜 副菜

アレンジのヒント

アジの一夜干しは、唐揚げ風にして味わうと、また違ったおいしさです。小麦粉をうすくまぶし、170℃の揚げ油で揚げます。また、野菜の揚げびたしは、野菜の種類を減らしたり、別の野菜を使ってもかまいません。パプリカ、なす、さやいんげん、ししとうなど、季節ごとに好みの野菜で作ってみてください。

有元葉子さんの献立素材

鯛

鯛の切り身4切れで2人分2献立の主菜を作ります。
1日目はワイン蒸しにし、残りは一夜干しにしておきます。

1日目は、すぐに食べて
おいしい料理に

鯛の
ワイン蒸し

〈献立は27頁〉

鯛の切り身を焼き、ワインやトマト、タイムを加えてさっと蒸せば出来上がり。手軽に作れるひと品ですが、香り豊かで、ワインにもぴったりの上質な味わいです。鯛は皮面から焼き始め、パリッと仕上げることがコツ。イサキ、ヒラメ、スズキ、カンパチなどで代用できます（下記の鯛の一夜干しも同様）。

翌日以降のために
下ごしらえをしておきます

鯛の一夜干し

冷蔵 1日　冷凍 2週間

→ 鯛の網焼き〈献立は28頁〉

冷蔵庫内の乾燥した空気を利用して、ごく簡単に作れる一夜干しです。乾きやすいよう、半分に切るのがポイントです。

材料（2人分）

- 鯛…2切れ
- 塩（粒子が細かくパラリとしたもの）…適量

作り方

1　鯛は半分に切り、両面に塩を軽くまんべんなく振ります。バットに重ねた角ザルに、身側を上にして重ならないように並べ、ラップをせずに冷蔵庫に入れます。

2　一晩ほどおき、身側を触ってみてベタッとしない程度に乾いていたら出来上がり。冷凍するときは1切れずつラップで包みます。

主菜 鯛のワイン蒸し

淡白な味わいの鯛に、タイムがよく合います。

材料（2人分）
・鯛…2切れ　・トマト…1/2コ（1cm角に切る）　・タイム（葉）…3本分　・にんにく…1片（つぶす）
・塩、オリーブ油、黒コショー…各適量　・白ワイン…カップ1/2杯

作り方
1 鯛は両面に塩を軽く振り、30分ほどおいて水気を拭き取ります。
2 フライパンにオリーブ油大サジ1杯、にんにくを入れて弱めの中火にかけます。香りが立ったら、鯛の皮面を下にして入れて中火にし、こんがりとするまで焼きます。
3 鯛を返して、上にタイムを散らして黒コショーを振り、フライパンの空いたところにトマトを加えます。白ワインを加え、フタをして4〜5分蒸し焼きにして火を止めます。
4 器に盛りつけてオリーブ油をまわしかけ、黒コショーを振ります。

主食 椎茸とベーコンのカナッペ

前菜として、ワインとともに楽しんでも。

材料（2人分）
・バゲット…厚さ1cm2枚
・椎茸…3枚（4等分に切る）
・ベーコン…3枚（長さ3cmに切る）
・にんにく…1片（うす切り）
・オリーブ油…大サジ2杯

1 直径16cm位の小さめのフライパンに、オリーブ油、にんにく、ベーコンを入れて弱火にかけます。香りが立ったら椎茸を入れてじっくりと熱し、少しカリッとしたら火を止めます。
2 バゲットを焼き色がつくまでトーストし、1をのせます。

副菜 クレソンのサラダ

材料・作り方（2人分）　クレソン1束は根元を落とし、氷水に浸してシャキッとさせます。手で長さ3等分位にちぎり、水気をよくきってボールに入れ、玉ねぎドレッシング（42頁）適量を加えて和えます。

翌日以降の献立
◎鯛の網焼き
◎玉子の大鉢蒸し
◎小松菜と揚げかまぼこの混ぜご飯

下ごしらえした「鯛の一夜干し」（26頁）を使った主菜

主菜　鯛の網焼き

皮面をパリッと焼き、香ばしさを楽しみます。

材料（2人分）

- 鯛の一夜干し（26頁）…全量
- ししとう…10本
- しょうがの甘酢漬け（うす切り）…適量
- しょう油…少々

作り方

1　ししとうは竹串などで数カ所を刺します。焼きアミを弱火~弱めの中火にかけてよく熱し、ししとうをのせ、鯛の一夜干しは皮面を下にしてのせます。

2　様子を見ながら上下を返して焼きます。ししとうは焼き色がついたら取り出し、熱いうちに冷水に取ってすぐにしぼり、しょう油と和えます。鯛は両面が色よく焼けたら器に移し、ししとう、しょうがの甘酢漬けを添えていただきます。

主食　小松菜と揚げかまぼこの混ぜご飯

揚げかまぼこのコクと食感がよいアクセントに。

材料（2人分）

- 小松菜…1株
- かまぼこ…110g
- ご飯…茶碗に軽く2杯分
- 塩…小サジ1/2杯
- 揚げ油…適量　•粉山椒…適宜

作り方

1　小松菜はごく細かいみじん切りにし、塩を振って15分ほどおきます。全体を混ぜて揉み、サラシに包んで、水気をギュッとよくしぼることを2~3回くり返します。

2　かまぼこは5㎜角のあられ切りにします。170℃の揚げ油に入れ、カリッとするまで揚げて油をきり、あれば粉山椒を振ります。

3　大きめのボールにご飯を入れます。1、2を加えて、粘りが出ないようさっくりと混ぜます。

副菜　玉子の大鉢蒸し

ダシをたっぷり使い、やさしい口どけに仕上げます。

材料（900㎖の耐熱性の大鉢1つ分）

- 玉子…3コ
- 三つ葉（あれば切り三つ葉。葉）…適量

※木の芽、あさつきなどでも。

- かつお昆布ダシ（40頁）…カップ2 1/4杯
- 日本酒…小サジ1杯
- 塩…小サジ1/3杯
- しょう油…少々

作り方

1　ボールに玉子を溶き、ダシ、日本酒、塩、しょう油を加えてよく混ぜ、漉しながら大鉢に移します。

2　蒸気の立った蒸し器またはセイロに1を入れ、蒸気がほわっと立つ位の火加減（弱火~弱めの中火）に調節してフタをします。30~50分蒸し、中心に竹串を刺して穴が開き、澄んだ汁が出てきたら出来上がり。取り出して三つ葉をのせます。

※底にフキンをしいてから鉢を入れると、蒸し上がりを取り出しやすくなります。蒸し器の場合、フタについた蒸気が料理に落ちないよう、フタをフキンで包みましょう。

※鉢によって蒸し時間は異なるので、様子を見ながら蒸してください。

副菜

アレンジのヒント

玉子の大鉢蒸しは、好みによってはダシの割合をやや少なめにし、茶碗蒸しのようにかために仕上げてもよいでしょう。また、小エビ、しめじ、椎茸、オクラなどの具材を加えると、ひと味違ったおいしさになります。

有元葉子さんの献立素材

大根

大根1本で2～4人分2献立の主菜を作ります。
1日目は炒め煮にし、残りはうすく切って塩揉みにしておきます。

1日目は、すぐに食べて
おいしい料理に

大根とスペアリブの炒め煮

〈献立は31頁〉

大根は皮つきのまま、大ぶりに切って使います。スペアリブとともによく焼きつけてから煮ることで、火の通りが早く、皮にもしっかりと味がしみ込みます。スペアリブの代わりに、大きめの骨つき鶏もも肉1本を切って使っても結構です。翌日以降は味がなじみ、よりおいしくなるので、多めに作るレシピをご紹介します。

翌日以降のために
下ごしらえをしておきます

塩揉み大根

冷蔵
2~3日

→ 大根と豚肉の炒めもの〈献立は32頁〉

シャキッとした食感とほのかな塩気。炒めものなど、さまざまに使えます。

材料（2人分）

- 大根…$\frac{1}{2}$本　• 大根（葉）…適量
- 塩…適量（大根と葉の重量の1～1.5％位。小サジ1杯強がめやす）

作り方

大根は皮つきのままうすい半月切りにし、葉は細かく刻みます。それぞれに塩を振って混ぜ合わせ、20分ほどおいて水気が出てきたら、よくしぼります。それぞれ、保存容器、またはステンレス製のフタつきのボールに入れます。

※保存用ポリ袋に入れてバットに入れ、重しをすると、1週間ほど日持ちします。同型のバットを数枚重ねて重しにすると、安定します。

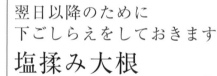

主菜 大根とスペアリブの炒め煮

骨つき肉のうま味がしみた、奥深いおいしさです。

材料（3～4人分）
- 大根…$\frac{1}{2}$本 •スペアリブ…4～5本 •ごぼう…$\frac{1}{3}$本 •れんこん…8cm •にんじん…$\frac{1}{2}$本
- しょうが…1片（うす切り）
- 日本酒、ごま油…各大サジ1杯
- しょう油、みりん、水…各適量

作り方

1 ボールにスペアリブ、日本酒、しょう油大サジ1杯を入れて混ぜ合わせ、1時間ほどおきます。

2 野菜はすべて皮つきのまま、大根は大きめの乱切りに、ごぼう、れんこん、にんじんはひと口大の乱切りにします。ごぼう、れんこんは別々に酢水に浸し、ザルに上げます。

3 大きめの鍋にごま油を中火で熱し、しょうが、スペアリブを入れて炒め、表面を焼きつけます（漬け汁は残しておきます）。

4 2も加えて焼きつけ、大根の表面が透き通ってきたら、漬け汁、みりん大サジ3杯を加え、水をヒタヒタより少なめに加えます。沸いたらアクを取って紙ブタをし、上に落としブタをして弱めの中火にします。

5 途中で1～2回上下を返し、煮汁が少なくなってきたら、落としブタと紙ブタを取ります。味をみてしょう油、みりんでととのえながら（各大サジ1～2杯がめやす）、煮汁がほぼなくなるまで30分ほど煮ます。

副菜 春菊と三つ葉の塩サラダ

材料・作り方（2人分） 春菊$\frac{1}{2}$束、三つ葉（あれば切り三つ葉）2株は、氷水に浸します。春菊は葉を摘み、茎は食べやすくちぎって、かたければ皮をむきます。三つ葉は長さ5cmに切ります。水気をよくきってボールに入れ、半ずりの白炒りごま適量、塩適量を加えて和えます。

汁もの ワカメと椎茸のみそ汁

材料・作り方（2人分） 椀2つに、細ねぎ3本（長さ3cmに切る）、ワカメ適量を入れます。鍋に煮干しダシ（40頁）カップ2杯を入れて中火で温め、椎茸2枚（うす切り）を加えて軽く煮ます。みそ大サジ1～1$\frac{1}{2}$杯を溶き入れ、煮立つ前にワカメの椀に注ぎます。

翌日以降の献立
◎大根と豚肉の炒めもの
◎ほうれん草の煮びたし
◎炒り豆ご飯
◎梅干し

下ごしらえした「塩揉み大根」（30頁）を使った主菜

主菜 大根と豚肉の炒めもの

大根の食感と、みずみずしい風味が絶妙です。

材料（2人分）
- 塩揉み大根（30頁）…全量
- 豚うす切り肉…150～200g
- ごま油…大サジ1～2杯
- 七味唐辛子…適量

A
- おろししょうが…少々
- 日本酒…小サジ2杯
- しょう油…小サジ2杯

作り方

1 豚肉は食べやすく切ります。ボールに入れてAを加えて揉み込み、10分ほどおいて下味をつけます。

2 フライパンにごま油を中火で熱して1を広げ入れ、こんがりと焼き色がつくまで焼きます。塩揉み大根の根の部分の水気をよくしぼって加え、軽く炒め合わせてから、葉も水気をしぼって加えます。七味唐辛子を振り、さっと炒めて火を止めます。

副菜 ほうれん草の煮びたし

たっぷりのおつゆで、汁もの代わりになります。

材料（2～3人分）
- ほうれん草…1束
- 油揚げ…2枚

A
- かつお昆布ダシ（40頁）…カップ2杯
- しょう油…小サジ2杯
- 日本酒…小サジ1杯
- 塩…小サジ2/3杯

作り方

1 鍋に湯を沸かして塩少々（分量外）を入れ、ほうれん草をさっとゆでます。平ザルに上げて冷まし、水気をしぼって長さ4cmに切ります。

2 油揚げは熱湯にくぐらせて油抜きをし、両手のひらで挟んで押して水気をきります。四方を切って2枚に開き、ごく細切りにします。

3 鍋にAと油揚げを入れて中火にかけ、ひと煮立ちさせます。ほうれん草の水気をよくしぼって加え、さっと温めて器によそいます。

主食 炒り豆ご飯

番茶で炊いた滋味深いおいしさ。梅干しが合います。

材料（4人分。炒り豆は作りやすい分量）
- 米…2合
- 番茶（または水）…460mℓ
- 塩…1つまみ
- ひたし豆（乾燥。大豆や黒豆など好みの豆でも）…1袋

作り方

1 炒り豆を作ります。ボールにひたし豆とたっぷりの水を入れ、豆にしわが寄って歯で噛める位になるまで、30分～1時間おきます。

2 1の水気をきり、中火にかけたフライパンで炒ります。全体に焼き色がついたら出来上がりです。

2

3 米は洗ってザルに上げ、30分ほどおきます。厚手の鍋または土鍋に入れ、番茶、塩、炒り豆カップ2/3杯を入れてフタをします。強火にかけ、沸騰したらごく弱火にし、15分炊いて火を止めます。

※炊飯器を使う場合は、同じ分量でふつうに炊きます。

4 5分ほど蒸らし、しゃもじでさっくりと混ぜて茶碗によそいます。

主菜 主食

アレンジのヒント

主菜は、塩揉み大根を細切りにして作ると、食感の異なるおいしさに。炒め合わせる豚肉も、そろえて細切りにするのがポイントです。また、炒り豆ご飯は梅干しをのせ、番茶をかけてお茶づけにするのもおすすめ。炒り豆は常温で3～4カ月保存できるので、多めに作っておいてスープの具にしたり、みそと炒め合わせておつまみにしてもよいでしょう。そのままでもおいしく、おやつや災害時の備えとしても重宝します。

有元葉子さんの献立素材

大豆

大豆1袋200gで2人分2献立の副菜または主菜を作ります。まとめてゆでておき、1日目も翌日以降にも使います。

1日目は、すぐに食べて
おいしい料理に

大豆と水菜のサラダ

〈献立は35頁〉

ゆでた当日の大豆は、風味も食感もよく、そのまま味わっても充分なおいしさです。そんなゆでたての味わいを、ごくシンプルに楽しむのがこのサラダ。シャキシャキの水菜、ワカメと合わせ、香り豊かな自家製ポン酢をかけていただきます。

翌日以降のために
下ごしらえをしておきます

ゆで大豆

冷蔵* 2日　冷凍 3週間

→ 大豆とキャベツ、ベーコンの蒸し煮
〈献立は36頁〉

豆は開封したら、一度にゆでて冷凍すると時間の無駄がなく、思い立ったときにすぐに食べられます。

材料（作りやすい分量）

- 大豆（乾燥）…1袋（200g）
- 水…適量

作り方

1　ボールに大豆とたっぷりの水（こぶしひとつ分かぶる位）を入れ、一晩浸してもどします（夏場は冷蔵庫におく）。

2　1を浸した水ごと鍋に移して強火にかけ、煮立つ直前に、豆が躍らない程度の火加減に調節します。アクを取り、豆が顔を出したら水を足しながら、柔らかくなるまで1時間ほどゆでて、ゆで汁に浸したまま冷まします。ゆで汁ごと保存用ポリ袋に移し、空気を抜いて平らにします。

＊冷蔵保存するときは、傷むのを防ぐために、ゆで汁に塩少々を加えます。

1日目の献立
◎エビと玉ねぎのフライ
◎大豆と水菜のサラダ
◎ご飯

主菜 エビと玉ねぎのフライ

プリッとしたエビ、甘い玉ねぎを香ばしく揚げます。

材料（2人分）
- エビ（無頭・カラつき）…10尾
- 玉ねぎ…小1コ（芯を残して6等分のクシ形に切る）
- 塩、小麦粉、溶き玉子、生パン粉、揚げ油、ソース…各適量

作り方

1 ボールに海水位の濃度の塩水（濃度約3.5％）を作り、エビをカラつきのまま浸して、冷蔵庫で一晩おきます。

※このひと手間で、プリッと弾力のある歯ごたえになります。

2 玉ねぎに小麦粉をまぶして溶き玉子にくぐらせ、パン粉をしっかりとつけます。エビの背ワタとカラを取り、水気をよく拭き取って、玉ねぎと同様に衣をつけます。

3 玉ねぎを170℃の揚げ油に入れます。なるべく触らないようにして揚げ、衣が固まってきたら返し、全体がこんがりとしたら油をきります。揚げ油に浮いた衣をすくって取り除き、エビも同様に揚げます。器に盛りつけ、ソースを添えます。

副菜 大豆と水菜のサラダ

水菜やワカメと合わせ、フレッシュなおいしさに。

材料（2人分）
- ゆで大豆（34頁）…カップ2/3杯
- 水菜…3株
- ワカメ…適量

ポン酢（作りやすい分量）
- かつお昆布ダシ（40頁）…カップ1/2杯
- かぼすのしぼり汁（柚子、すだち、レモンなどでも）…カップ1/2杯
- しょう油…カップ1/4杯

作り方

1 水菜は根元を落とし、氷水に浸してシャキッとさせます。長さ4㎝に切り、水気をよくきります。ワカメは食べやすく切ります。

2 器に1、大豆を盛りつけます。ポン酢の材料を混ぜ合わせ、適量を添えます。

※ポン酢は煮沸消毒した保存ビンに移し、1週間ほど冷蔵保存できます。

翌日以降の献立
◎大豆とキャベツ、
ベーコンの蒸し煮
◎ガーリックブレッド

下ごしらえした「ゆで大豆」(34頁)を使った主菜

主菜 大豆とキャベツ、ベーコンの蒸し煮

大豆とベーコンのうま味がキャベツにしみ込みます。

材料(2人分)

- キャベツ…1/2コ
- ベーコン…5〜6枚
- ゆで大豆(34頁)…カップ2/3杯
- 大豆のゆで汁(34頁)…カップ2/3〜1杯
- ローリエ…2枚
- オリーブ油…大サジ2杯
- 塩(あれば粒子が大きめのもの)…適量
- 黒コショー…適量

作り方

1 キャベツは4等分のクシ形に切り、芯のかたいところだけ切り落とします。ベーコンは食べやすく切ります。

2 厚手の鍋にキャベツを入れ、上にベーコンをのせて、ゆで大豆とゆで汁、ローリエを加えます。オリーブ油をまわしかけ、塩少々、黒コショーを振ります。強火にかけ、沸いたらフタをして弱めの中火にします。

3 15〜20分煮て、キャベツに竹串を刺してスッと通る位に柔らかくなったら、火を止めます。器に煮汁ごとよそい、塩を添えます。味をみて、塩を振っていただきます。

※塩は、粒子が大きめのものを使うのがおすすめ。料理に溶けきらず、口の中で溶けて、豊かな風味が広がります。少量でも効果的なので、減塩にもつながります。

主食 ガーリックブレッド

にんにく、オレガノが香り、食欲をそそります。

材料(2人分)

- バゲット…1/2本
- にんにく…1片
- オリーブ油…適量
- 塩(あれば粒子が大きめのもの)…適量
- オレガノ(あれば。ドライ)…適量

作り方

1 バゲットは、タテ4等分などに食べやすく切ります。オーブンやトースターでこんがりと焼きます。

2 にんにくをヨコ半分に切り、切り口をバゲットにこすりつけて香りを移します。器にのせてオリーブ油をまわしかけ、塩、オレガノを振ります。

主菜

アレンジのヒント

蒸し煮は、好みでにんにくを加えたり、ベーコンの代わりに豚うす切り肉を使ってもよいでしょう。また、ゆで大豆が残ったときにおすすめのレシピは、大豆のメープルしょう油煮。鍋にゆで大豆とゆで汁を入れて中火にかけ、味をみながらしょう油、メープルシロップを加えて、味がなじむ程度に煮ます。さっと作れて、箸休めにもぴったりです。

有元葉子さんの作りおき

あればすぐに料理が作れる、ダシや調味料を中心にご紹介します。

ひじきのシンプル煮

冷蔵4日

ひじきだけを味わう、飽きのこない煮ものです。

材料（作りやすい分量）
- 長ひじき（乾燥）…60g
- 白炒りごま…適量
- ごま油、日本酒、しょう油…各大サジ2杯
- みりん…少々

作り方

1 ひじきは洗ってからたっぷりの水に15分ほど浸してもどし、ザルに上げ、食べやすく切ります。

2 鍋にごま油を強めの中火で熱し、1を入れて油がまわるまで炒めます。すべての調味料を加えて炒り煮し、汁気がなくなったらバットに移して冷まします。ごまを指でひねりつぶしながら加えて混ぜ、保存容器に入れます。

※ひじきは1袋を残さず使いきるようにします。レシピ通りの分量でなくても、日本酒としょう油を同割で、加減して味つけしてください。

24頁で使用します

白滝の炒り煮

冷蔵 4~5日

水分をしっかりとばし、独特の食感を楽しみます。

材料（作りやすい分量）
- 白滝…2袋（約400g）
- 実山椒の佃煮（あれば）…適量
- ごま油…大サジ$\frac{1}{2}$杯
- しょう油…大サジ1~2杯

作り方

1 白滝は洗ってザルに上げ、食べやすく切ります。

2 鍋にごま油を中火で熱して白滝を入れます。水分が抜けて表面がチリチリとし、炒める音が軽くなるまで、20~30分炒めます。

3 味をみながらしょう油を加えて混ぜ、なじんだらバットに移して冷まし、実山椒を混ぜます。保存容器に入れます。

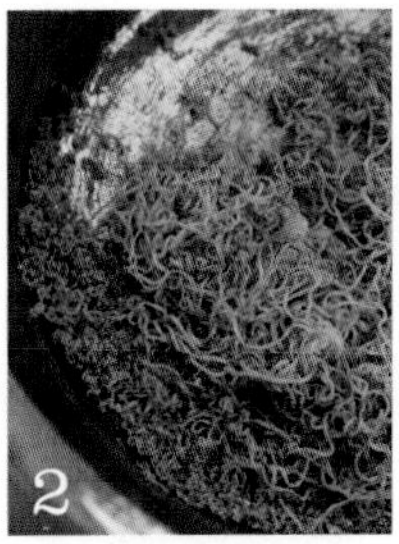

17頁で使用します

ししとうとじゃこの佃煮

冷蔵 4~5日

うま味と甘辛さで、あとを引くおいしさ。

材料（作りやすい分量）
- ししとう…20本
- ちりめんじゃこ…カップ$\frac{1}{2}$杯
- ごま油…大サジ1杯弱
- 日本酒、みりん…各大サジ2杯
- しょう油…大サジ1$\frac{1}{2}$杯

作り方

1 ししとうはヘタを落とします。

2 鍋にごま油を中火で熱してちりめんじゃこを入れ、カリッとするまで炒めます。ししとうを加え、さっと炒め合わせます。

3 日本酒、みりん、しょう油を加え、汁気がなくなるまで炒り煮します。バットに移して冷まし、保存容器に入れます。

9頁で使用します

かつお昆布ダシ　煮干しダシ

深いうま味が、料理を上質なおいしさにします。

冷蔵1~2日　冷凍3週間

かつお昆布ダシの材料（作りやすい分量）
- かつおぶし…50g
- 昆布…10cm
- 水…1.2ℓ

作り方

1　大鍋に分量の水と昆布を入れ、昆布が広がるまで1時間以上おきます。弱火にかけ、60℃を保って30分ほど煮出し、取り出します。

2　かつおぶしを入れて火を止め、菜箸でかつおぶしをやさしく押さえながら沈めます。10分ほどおきます。

3　ボールにザルを重ね、ぬらしてかたくしぼったサラシをしいて、2を漉します。サラシでかつおぶしを包み、ダシが自然に落ちきったら、冷まして保存容器に入れます。

煮干しダシの材料・作り方（作りやすい分量）　煮干しはワタと頭の中の黒い部分を取り除きます。水カップ1杯につき6尾をめやすに浸し、一晩おいて漉します。

- 玉子の大鉢蒸し（29頁）
- ほうれん草の煮びたし（33頁）
- ポン酢（35頁）
- 麺つゆ（下記）

で使用します

麺つゆ

麺のつけ汁や煮ものの味つけなどに使えます。

冷蔵1週間

材料（作りやすい分量）
- かつお昆布ダシ（上記）…カップ2杯
- みりん…カップ$\frac{1}{2}$杯弱
- しょう油…カップ$\frac{1}{2}$杯

作り方

1　鍋にみりんを入れて強火にかけて煮立たせ、アルコール分をとばします。

2　ダシ、しょう油を加えて軽く煮立たせ、火を止めます。冷ましてから保存容器に入れます。

※この麺つゆで野菜などをさっと煮るほか、練りごまペーストを加えてごまだれうどんに使ったり、ダシを加えて温かい麺類のつゆにするのもおすすめです。

- 野菜の揚げびたし（25頁）

で使用します

・季節野菜のスープ（21頁）で使用します

野菜のスープ

野菜のうま味、香味が生きた、繊細な味わいです。

冷蔵1~2日　冷凍3週間

材料（作りやすい分量）
- 玉ねぎ…1コ
- セロリ（葉）…1~2本分
- にんじん…大$\frac{1}{2}$本
- パセリ…1束
- にんにく…1片

※このほか、にんじんの皮、カリフラワーやキャベツの芯、さやいんげんの端、グリンピースのサヤやスジ、タイムなどのハーブ類といった、そのときどきにあるくず野菜を加えると、いっそう豊かな風味になります。

作り方

1　玉ねぎは皮をむいてタテ半分に切ります。にんにくは皮をむき、庖丁の平らな部分で軽くつぶします。そのほかの野菜はざく切りにします。

2　深鍋に1を入れ、水をヒタヒタになるまで注いで、弱めの中火にかけます。煮立ったら、静かに煮立つ位の火加減に調節し、煮汁に野菜の色が移り、香りが立つまで40分ほど煮ます。

※ここで味をみて、野菜の味がうすいようなら、あと10分ほど煮ます。

3　ボールにザルを重ね、ぬらしてかたくしぼったサラシを広げて漉します。冷めたら保存容器に入れます。

※野菜のスープは、やはり野菜との相性が抜群。ミニトマトや刻んだトマト、新玉ねぎなど、好みの野菜を具材に煮てみましょう。体調がすぐれないときにもおすすめです。

酢油ドレッシング

素朴な風味が魅力。家にある材料でさっと作れます。

冷蔵1週間

材料（作りやすい分量）
- サラダ油…カップ1/2杯
- 米酢…カップ1/4～1/3杯

※好みで加減する。
- にんにく（好みで）…少々（すりおろし）
- 塩、黒コショー…各適量

作り方

保存ビンにすべての材料を入れます。使うときに、ビンをよく振って混ぜ合わせます。

※塩気はうすめにしておき、使うときにしょう油などを加えて調節するとよいでしょう。

※米酢の代わりにワインビネガーを使うと、ひと味違った風味に。サラダ油とワインビネガーの割合は、3対1位がおすすめです。

玉ねぎドレッシング

玉ねぎのコクが生きた、クリーミーなドレッシング。

冷蔵1週間

材料（作りやすい分量）
- 玉ねぎ…1/2コ（ざく切り）
- にんにく（好みで）…少々
- オリーブ油…大サジ4杯
- 白ワインビネガー…大サジ1 1/2～2杯
- 塩、黒コショー…各適量

作り方

広口の保存ビンにすべての材料を入れ、スティックミキサーでなめらかになるまで撹拌します。または、ミキサーやフードプロセッサーで撹拌してから、保存ビンに入れても。

※生野菜やゆで野菜はもちろん、ハンバーグや蒸し鶏、魚のソテーなどにもよく合います。

• 塩揉み野菜のサラダ（13頁）で使用します

• パプリカのサラダ（11頁）
• クレソンのサラダ（27頁）
で使用します

マヨネーズ

冷蔵1週間

オリーブ油のほろ苦さが、野菜の味を引き立てます。

材料（作りやすい分量）
- 玉子（常温）…1コ
- オリーブ油…カップ1杯
- 酢…大サジ1杯
- 塩…小サジ$\frac{1}{2}$杯
- 黒コショー…適量

作り方

広口の保存ビンにすべての材料を入れ、スティックミキサーを底まで入れて、上下に動かさずに撹拌します。持ち上げてみて、落ちない位もったりとしたら出来上がりです。

または、ミキサーを使っても。オリーブ油以外の材料を入れて撹拌し、さらにオリーブ油を少しずつ加えて撹拌することをくり返し、もったりとしたら出来上がり。保存ビンに入れます。

※オリーブ油を減らし、その分、サラダ油や太白ごま油を加えると、あっさりとした味わいになります。

• ゆで野菜のサラダ（21頁）で使用します

トマトソース

冷凍1カ月

トマトの甘味、酸味が詰まった、豊かな味わい。

材料（作りやすい分量）
- トマトの水煮（または、「パッサータ」など粗漉しのトマトピューレ）…700〜800g
- にんにく…1片　• 塩…1つまみ
- オリーブ油…大サジ2杯

作り方

1　トマトの水煮はミキサーにかけてピューレ状にします（粗漉しのピューレの場合は不要）。にんにくは皮をむき、庖丁の平らな部分でつぶします。

2　鍋ににんにく、オリーブ油を入れて弱火にかけて炒め、香りが立ったら、トマトの水煮を加えます。弱火のまま、ときどき混ぜながら20〜30分煮詰め、塩を加えて火を止めます。冷めてから保存容器に入れます。

※塩気がうすいので、豚肉や牛肉の軽い煮込み料理に使ったり、スープに加えたりして幅広く使えます。

• トマトソースとバジルのパスタ（11頁）で使用します

坂田阿希子さんのつながる献立

料理　坂田阿希子　写真　木村 拓　スタイリング　高橋みどり

たとえば、これくらいまとめて買うと、４日分の献立をつなげることができます。
買ってきた日に下ごしらえを済ませて、46頁からご紹介している豚肩ロース肉の２献立、72頁からご紹介している刺身の２献立、計４献立をまかないます。

１日目の下ごしらえ

＊豚肉のみそ漬け（46頁）
＊刺身のマリネ（72頁）

１日目の献立（73頁）

• シンプル洋風ちらし寿司
• 海苔すい

２日目の献立（47頁）

• ポークソテー レモンバターソース
• 粉ふきいも
• シンプルコールスロー
• 焼きトマトのスープ
• ご飯

下ごしらえした素材で
３日目の献立（74頁）

• 魚介のラグーソースパスタ ＊
• サラダ菜のアンチョビ風味

下ごしらえした素材で
４日目の献立（48頁）

• みそ豚カツ ＊
• れんこんのレモンサラダ
• 大根の塩スープ
• ご飯

ひとつに決め込まず、臨機応変にアレンジして、献立の幅をひろげます。

スーパーで旬の切り身魚を見ると、たいていは4切れくらい入った大きなパックのほうがお買い得です。半分は今日使うとして、残りはどうしようか……と決めかねるとき、わたしはその日のうちに、「とりあえず」の下ごしらえをしておきます。オリーブ油でマリネしたり、塩を振ったりして、はっきりとした味をつけずに保存しておく。このひと手間で気持ちは楽になりますし、のちのち料理がおいしく作れます。

肉をいくつかの献立に活用するときに、よく使うのがブロック肉です。加工度が低い分、実は厚切り肉などよりも割安なので、自分で好みの厚さに切ってソテーなどに使ってもいい。牛スネ肉などはまとめてゆでれば、ゆで汁もおいしいダシとして使えて無駄がありません。お買い得な日にまとめて買って、2～3献立分をまかなうとよいでしょう。

また、野菜の場合、キャベツを丸ごと1個、きゅうりを1袋買っても、余らせてしまうことがあるかもしれません。そんなときは、シンプルコールスロー（81頁）やじゃばらきゅうりの甘酢漬け（82頁）のような、1種の野菜をたっぷり使って作る常備菜をおすすめします。たとえば主菜に野菜の半分を使ったら、あと半分はなるべく早く、こうした常備菜に作り変えておく。シンプルなので、サンドイッチに挟んだり、肉と炒め合わせたりしても活用できます。

献立に同じ素材が連続しても、味つけがまったく違っていれば、案外飽きないものです。味つけを変えたいときに重宝するのが、作りおきのタレやドレッシング。たとえば蒸し豚の香菜添え（51頁）なども、蒸した当日は青唐辛子じょう油（84頁）で味わい、別の日は四川ソース（84頁）で味わえば、目先が変わって楽しめます。さらに、タレにオリーブ油やごま油を加えてドレッシングにしてもいいですし、常備菜のアレンジに使ってもよいでしょう。

献立に大事なのは、決め込まず、臨機応変に考えることだと思います。「とりあえず」の下ごしらえや、「この常備菜にこのタレを使ったら合うかも」といったアイデア。小さな工夫で、献立はゆるやかにつながっていきます。

〈明日へつなげるヒント〉

◎余りがちな野菜を常備菜にする

野菜が多めに残ったときは、鮮度が落ちないうちに常備菜に作り変えます。今回ご紹介する常備菜は、野菜の食感を生かしたものが中心で、献立のよいアクセントになります。飽きないよう、2献立くらいで食べきれる量を作りましょう。

◎タレやドレッシングを生かす

手をかけたドレッシングがあれば、シンプルなサラダも上質なおいしさに。また、タレも油と混ぜ合わせればドレッシングになります。たとえば白菜サラダ（57頁）なら、青唐辛子じょう油にごま油を加えたドレッシングもよく合います。

坂田阿希子さんの献立素材

豚肩ロース肉（ブロック）

豚肩ロース肉６００ｇで２人分２献立の主菜を作ります。１日目はソテーにし、残りはみそダレを塗っておきます。

１日目は、すぐに食べておいしい料理に

ポークソテー レモンバターソース

〈献立は47頁〉

肉はブロックで買ったほうが、実はお買い得。600ｇを厚めに切り、半分は食べごたえ満点のソテーにし、残りは下ごしらえのみそ漬けにまわします。ソテーは、コクと酸味が合わさったレモンバターソースをかけ、豚肩ロース肉のうま味を引き立てます。

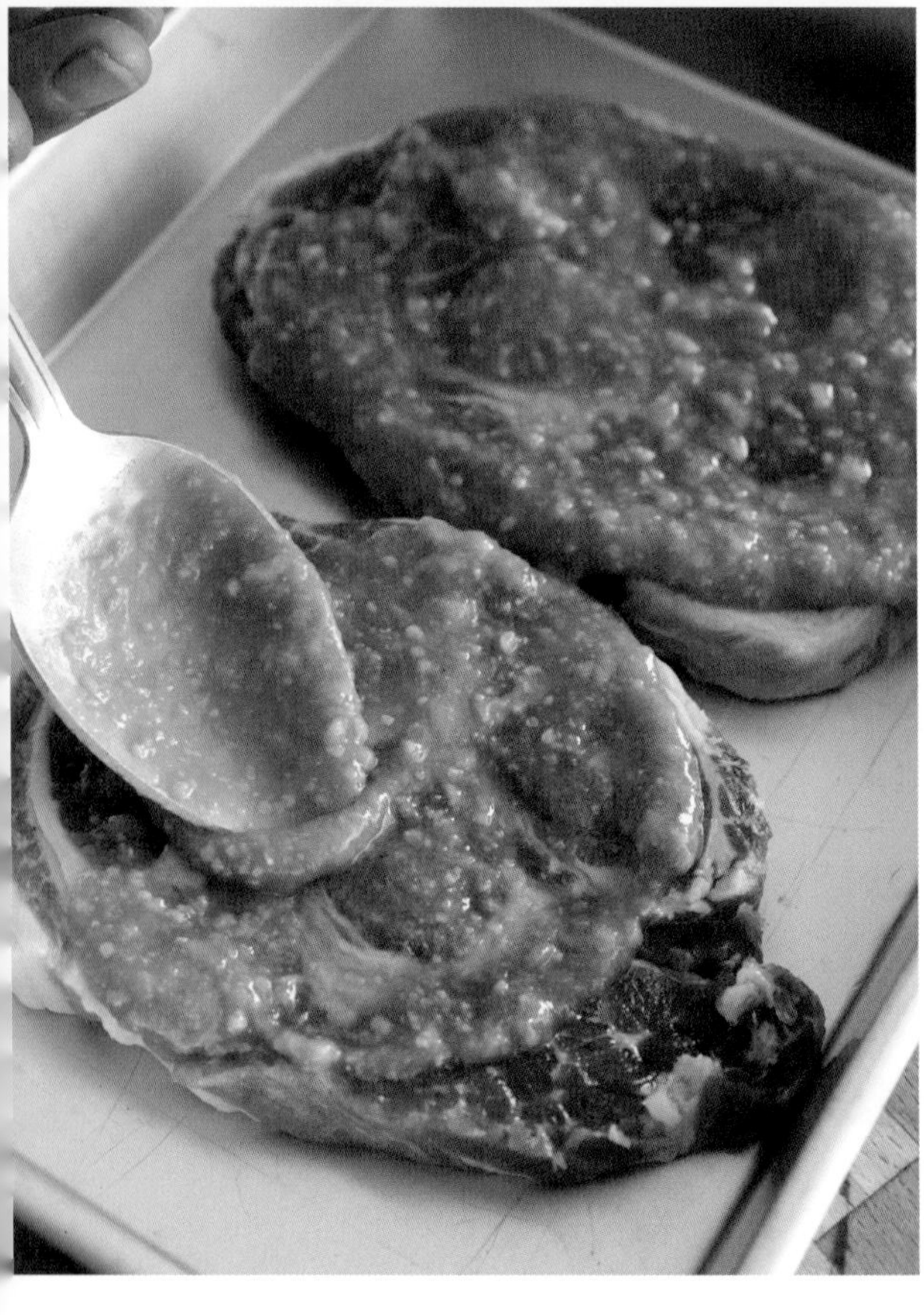

翌日以降のために下ごしらえをしておきます

豚肉のみそ漬け

冷蔵 3~4日

→ みそ豚カツ〈献立は48頁〉

みそに含まれる麹の力で、しっとりと柔らかなおいしさになります。

材料（２人分）

- 豚肩ロース肉（ブロック）…300ｇ

Ａ（混ぜ合わせておく）

- みそ…大サジ４杯
- 日本酒、みりん…各大サジ１杯
- 砂糖…小サジ２杯

作り方

豚肩ロース肉は、センイを断つように厚さ1.5㎝に切り、赤身と脂身の境目を数カ所断ち切ってスジ切りします（ポークソテー レモンバターソースの手順１と一緒に行います）。両面にＡを塗り、ラップで包んで保存用ポリ袋に入れます。

1日目の献立
◎ポークソテー
　レモンバターソース
◎粉ふきいも
◎シンプルコールスロー（81頁）
◎焼きトマトのスープ
◎ご飯

主菜 ポークソテー レモンバターソース

バターとレモンが溶け合った、濃厚な味わいです。

材料（2人分）
•豚肩ロース肉（ブロック）…300g •レモン…1コ（輪切り2枚と、しぼり汁大サジ2杯を取る）
•にんにく…1片（うす切り）
•クレソン、塩、白コショー、小麦粉…各適量 •サラダ油…小サジ2杯 •バター（食塩不使用）…大サジ3杯（大サジ2杯は5㎜角に切る）
•白ワイン…大サジ2杯 •水…カップ1/2杯

作り方

1 豚肉はセンイを断つように厚さ1.5㎝に切り、赤身と脂身の境目を数カ所断ち切ってスジ切りします。両面に塩・コショーして小麦粉をまぶし、余分な粉は落とします。
※このとき、下ごしらえのみそ漬けの分も一緒に切ってスジ切りします。

2 フライパンを強めの中火で熱し、サラダ油、バター大サジ1杯、にんにくを入れます。フライパンを傾け、集めた油の中でにんにくに火を入れ、香りが立ったら豚肉を加えます。

3 にんにくがこんがりとしたら豚肉の上にのせ、肉の両面を色よく焼きます。火を弱めて火が通るまで焼き、肉汁を残して器に移します。

4 3のフライパンにワインを入れて強火でアルコールをとばし、水、コショーを加え、半量位に煮詰まったらレモン汁を加えます。5㎜角のバターを少しずつ混ぜてトロミをつけ、塩で味をととのえます。3にかけてレモンの輪切りをのせ、クレソンと粉ふきいも（左記）を添えます。

副菜 粉ふきいも

材料・作り方（2人分） じゃがいも2コは皮をむいて食べやすく切り、鍋に入れてかぶる位の水を加えて中火にかけ、竹串がスッと通るまでゆでます。湯を捨て、鍋をゆすりながら水分をとばし、塩少々、パセリ適量（みじん切り）を振ります。

汁もの 焼きトマトのスープ

材料・作り方（2人分） フライパンにオリーブ油を強火で熱し、トマト（厚さ1.5㎝の輪切り2枚）の両面をこんがりと焼いて塩・コショーし、器に1枚ずつ入れます。鍋に水カップ2杯、鶏ガラスープの素小サジ1/2杯を入れて火にかけて溶き、塩で味をととのえてトマトの器に注ぎます。トマトをくずしながらいただきます。

豚肩ロース肉
（ブロック）

翌日以降の献立　「豚肉のみそ漬け」を使って

翌日以降の献立
◎みそ豚カツ
◎れんこんのレモンサラダ(82頁)
◎大根の塩スープ
◎ご飯

下ごしらえした「豚肉のみそ漬け」（46頁）を使った主菜

（主菜）みそ豚カツ

柔らかな肉にみそがしみて、ソースいらずのおいしさ。

材料（2人分）

- 豚肉のみそ漬け（46頁）…全量
- キャベツ…適量（せん切り）
- トマト…適量（食べやすく切る）
- レモン…厚さ1cmの半月切り4枚
- 青じそ…4枚
- 溶き玉子…1コ分
- 小麦粉…適量
- 生パン粉…適量
- 揚げ油…適量

作り方

1　豚肉のみそ漬けは、ゴムベラなどでみそを拭い落とします。

2　1に小麦粉をまんべんなくまぶし、溶き玉子にくぐらせ、生パン粉をしっかりと厚くつけます。

※みそが焦げやすいので、生パン粉を手で押さえつけるようにしてつけ、厚めの衣にします。

3　2を1枚ずつ、170℃に熱した揚げ油に入れます。下面が色よく揚がったら返し、全体をこんがりと揚げて油をきります。食べやすく切って器に盛り、キャベツ、青じそ、トマト、レモンを添えます。

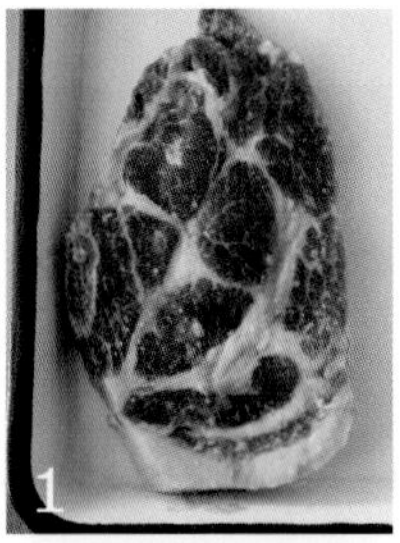

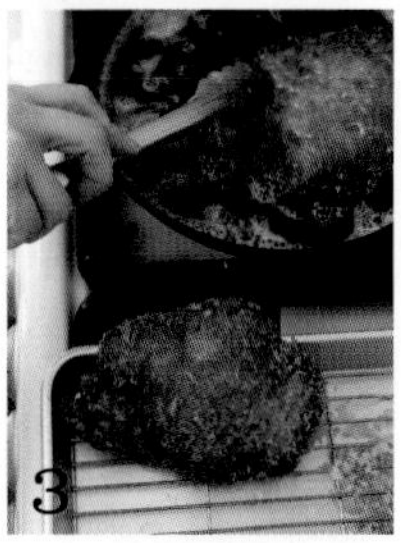

（汁もの）大根の塩スープ

せん切り大根を蒸し煮にし、甘さを引き出します。

材料（2人分）

- 大根…$\frac{1}{4}$本
- ごま油…大サジ1杯
- 鶏ガラスープの素…小サジ$\frac{1}{3}$杯
- 塩、白コショー…各適量
- 水…カップ2$\frac{1}{2}$杯

作り方

1　大根は皮をむいてせん切りにします。

2　鍋にごま油を中火で熱し、大根を入れ、油がまわるまで炒めます。水カップ$\frac{1}{2}$杯を加えてフタをして弱火にし、10分ほど蒸し煮にします。

3　残りの水カップ2杯、鶏ガラスープの素を加え、フタをせずに、大根が柔らかくなるまで10分ほど煮ます。塩・コショーで味をととのえ、火を止めます。

（主菜）

アレンジのヒント

豚肉のみそ漬けは、ソテーにしたり、蒸し豚にして味わうのもおすすめ。ソテーの場合は、肉を軽く洗ってみそを落とし、水気を拭き取ってから焼きましょう。蒸し豚の場合は、蒸し器の中にキャベツ（ざく切り）をしき、その上にみそをつけたままの肉をのせて、中火で15〜20分蒸します。

坂田阿希子さんの献立素材

豚バラ肉（ブロック）

豚バラ肉1kgで2〜3人分2献立の主菜を作ります。
まとめて下ごしらえし、1日目も翌日以降にも使います。

1日目は、すぐに食べて
おいしい料理に

蒸し豚の香菜添え

〈献立は51頁〉

肉が新鮮な1日目のうちに、翌日以降の分もまとめて蒸します。1日目は、蒸したてならではのジューシーで柔らかなおいしさ。スライスし、香菜とタレでシンプルに味わいます。

翌日以降のために
下ごしらえをしておきます

蒸し豚

冷蔵3日

→ 蒸し豚の角煮〈献立は52頁〉

火にかけたらほうっておけるのが便利な下ごしらえです。その間にほかの料理を作って、献立をととのえましょう。

材料（作りやすい分量）

- 豚バラ肉（ブロック）…1kg
- 塩…小サジ1杯弱

作り方

1 豚バラ肉に塩をすり込み、30分ほどおいて水気が出てきたら、拭き取ります。

2 蒸気の上がったセイロまたは蒸し器に1を入れ、フタをして中火で30分ほど蒸します。

1日目の献立
◎蒸し豚の香菜添え
◎じゃばらきゅうりの甘酢漬け（82頁）
◎きのこのスープ
◎ご飯

主菜
蒸し豚の香菜添え

青唐辛子じょう油のさわやかな辛味で箸が進みます。

材料（2人分）
・蒸し豚（50頁）…1/3量
・香菜…適量
・青唐辛子じょう油（84頁）…適量
※四川ソース（84頁）も合います。

作り方
1 蒸し豚は、蒸したてをうす切りにします。香菜は水にさらして水気を拭き取り、食べやすく切ります。
2 器に蒸し豚と香菜を盛りつけ、青唐辛子じょう油をかけていただきます。

汁もの
きのこのスープ

きのことにんにくを使った、ダシいらずのスープ。

材料（2人分）
・しめじ…1パック
・椎茸…2～3枚
・にんにく…1片（みじん切り）
・ごま油…小サジ2杯
・塩…小サジ2/3杯
・黒コショー、しょう油、酢…各少々
・水…カップ2杯

作り方
1 しめじは石突きを落として小房に分けます。椎茸は笠と軸に分け、笠は4等分に切り、軸は石突きを落として細かくほぐします。
2 鍋にごま油を中火で熱し、にんにくを炒めます。香りが立ったら、しめじ、椎茸を加え、強火にしてさっと炒めます。水を注ぎ、塩・コショーを加え、味をみて、しょう油、酢でととのえます。

翌日以降の献立
◎蒸し豚の角煮
◎大根のラーパーツァイ風（83頁）
◎春菊のみそ汁
◎ご飯

主菜　蒸し豚の角煮

蒸し豚を短時間で煮て、こっくりとした味わいに。

材料（3人分）
- 蒸し豚（50頁）…2/3量
- ゆで玉子…3コ
- 長ねぎ（青い部分）…1本分
- しょうが…大1片

A
- しょう油…大サジ4杯
- 酢、日本酒、みりん、砂糖…各大サジ2杯

- 水…カップ1杯

作り方

1　蒸し豚は5cm角に切ります。長ねぎは庖丁の背などで軽くたたきます。しょうがは皮つきのまますう切りにします。

2　クッキングシートを鍋に合わせて丸く切り、中心に穴を開けて紙ブタを作ります。鍋に1とAを入れ（a）、紙ブタをして強火にかけます（b）。煮立ったら中火にし、途中で上下を返して20分ほど煮ます。

※できれば、ここで火を止めて1時間ほどおくと、冷める間に味がしみ込み、よりおいしくなります。

3　紙ブタを取り、ゆで玉子を加えて火を強め、照りが出るまで煮詰めて火を止めます。器に盛り、好みで練り辛子などを添えても。

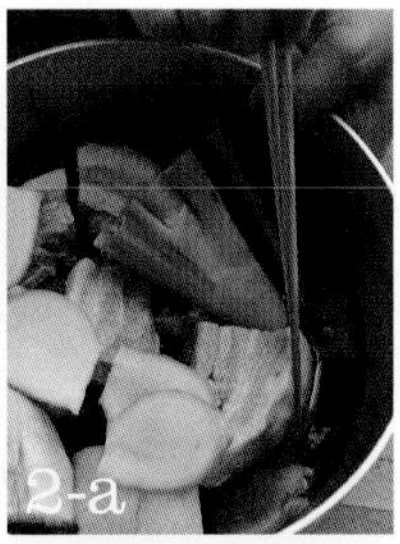
2-a

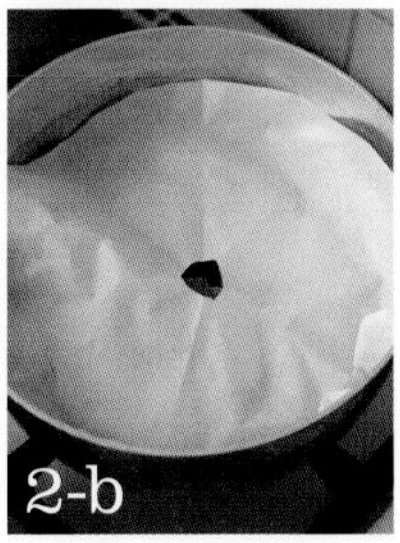
2-b

3

汁もの　春菊のみそ汁

春菊の香りと歯触りが楽しめます。

材料（2人分）
- 春菊（茎）…5～6本
- ダシ…カップ2～2 1/2杯
- みそ…大サジ1杯

作り方

1　春菊の茎はうすい小口切りにします。

2　鍋にダシを入れて中火にかけ、煮立ったら1を加えて軽く煮ます。みそを溶き入れ、煮立つ直前で火を止めて器によそいます。

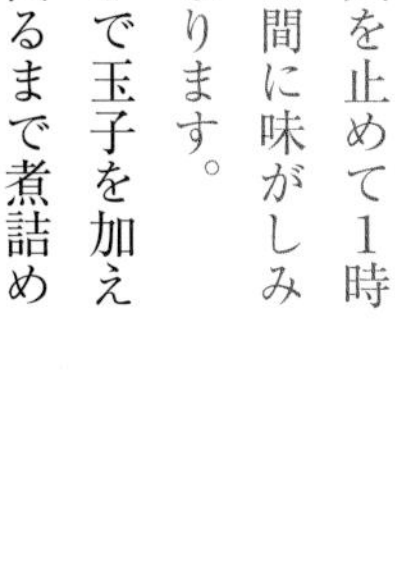
1

主菜
アレンジのヒント

蒸し豚の角煮は、手順2で梅干し2コを加えて煮ると、さっぱりとさわやかで食が進み、特に夏向きのひと品に。または、八角1コ、五香粉少々を加えて中華風に仕上げるのもおすすめです。

坂田阿希子さんの献立素材

牛うす切り肉

牛うす切り肉450gで2人分2献立の主菜を作ります。
1日目は肉豆腐にし、残りは長ねぎとマリネしておきます。

1日目は、すぐに食べておいしい料理に

肉豆腐

〈献立は55頁〉

牛肉のうま味と柔らかさを楽しめるひと品。焼きつけた玉ねぎ、大きくくずした焼き豆腐と一緒に、さっと煮れば出来上がりです。牛肉は好みの部位で結構ですが、ほどよく脂身の入ったもも肉は、かたくなりにくいのでおすすめです。

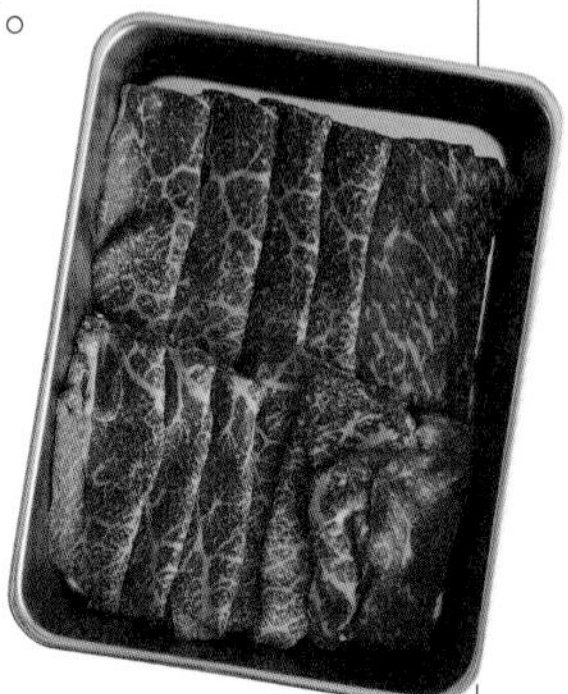

翌日以降のために下ごしらえをしておきます

牛肉と長ねぎのマリネ

冷蔵2日

→ 牛肉と長ねぎの辛味炒め〈献立は56頁〉

しっかりと下味をつけておけば、ただ炒めるだけで、中華風のピリ辛おかずが完成です。

材料（2人分）

- 牛うす切り肉…250g
- 長ねぎ…2本
- 唐辛子…1～2本
- ごま油、しょう油…各大サジ2杯
- サラダ油…小サジ2杯
- 塩…小サジ$\frac{1}{2}$杯

作り方

1 牛うす切り肉は食べやすく切ります。長ねぎは斜めうす切りにします。　**2** 1を保存容器に入れ、残りの材料をすべて加えて、手でよく揉み込みます。2日ほど漬けておけますが、1時間以上おけば、その日に炒めてもおいしくいただけます。

主菜 肉豆腐

うま味たっぷりの甘辛味に、クレソンがアクセント。

材料（2人分）
- 牛うす切り肉…200g
- 玉ねぎ…1/2コ
- 焼き豆腐…1丁
- クレソン…1束
- サラダ油…大サジ1杯
- 砂糖…大サジ2杯
- しょう油…大サジ3杯
- 粉山椒…適宜
- 水…カップ3/4杯

作り方

1 牛うす切り肉は食べやすく切り、玉ねぎは厚さ1㎝の輪切りにします。クレソンは茎のかたい部分を落とし、長さ半分に切ります。

2 鍋にサラダ油を中火で熱し、牛肉をさっと炒めて取り出します。次に玉ねぎを入れ、両面をしっかりと焼きつけます。

3 牛肉を戻し入れ、豆腐を手で大きめにくずして加えます。水を加え、アクが出たら取り、砂糖、しょう油を加えて6〜7分煮ます。

4 クレソンを加え、しんなりとしたら火を止めます。器に盛りつけ、好みで粉山椒を振ります。

汁もの 大根菜のみそ汁

大根菜を有効活用。煮過ぎずに歯触りを残します。

材料（2人分）
- 大根（葉）
…2つかみ（みじん切り）
- ダシ…カップ2杯
- みそ…大サジ1杯

作り方

鍋にダシを入れて中火にかけ、煮立ったら、大根の葉を加えて軽く煮ます。みそを溶き入れ、煮立つ直前に火を止めます。

翌日以降の献立「牛肉と長ねぎのマリネ」を使って

翌日以降の献立
◎牛肉と長ねぎの辛味炒め
◎白菜サラダ
◎トマトと玉子のスープ
◎ご飯

下ごしらえした「牛肉と長ねぎのマリネ」（54頁）を使った主菜

主菜 牛肉と長ねぎの辛味炒め

中華風ピリ辛味に香菜がぴったり。ご飯が進みます。

材料（2人分）
- 牛肉と長ねぎのマリネ（54頁）…全量
- 香菜…適量（食べやすく切る）
- 黒酢…大サジ1½杯

作り方

1 フライパンを強火で熱し、牛肉と長ねぎのマリネを、マリネ液ごと入れて炒めます。

2 肉に火が通って軽く焼き色がついたら、黒酢をまわしかけてさっと炒め、汁気がとんだら火を止めます。器に盛りつけ、香菜をのせます。

副菜 白菜サラダ

海苔とごま油の風味が効いた、みずみずしいひと皿。

材料（2人分）
- 白菜…1/8株
- 焼き海苔…1/2枚

A
- にんにく…少々（すりおろし）
- ごま油…大サジ1杯
- 塩…少々
- 黒コショー…少々
- しょう油…小サジ1/2杯

- レモン汁…小サジ1杯

作り方

1 白菜は洗って水気をよくきります。葉と芯に切り分け、葉は食べやすくちぎり、芯は幅5㎜の細切りにします。

2 1をボールに入れ、Aを順に加えて、その都度よく和えます。最後に焼き海苔を細かくちぎって加え、和えます。

汁もの トマトと玉子のスープ

主菜によく合う、ふんわり玉子の中華風スープです。

材料（2人分）
- トマト…1コ
- 溶き玉子…1コ分
- セロリ（茎）…1/3本
- セロリ（葉）…適量
- にんにく…小1片
- サラダ油…小サジ2杯
- 鶏ガラスープの素…小サジ1/2杯
- 塩…小サジ1/2杯
- 片栗粉…大サジ1杯（同量の水で溶く）
- 白コショー…適量
- 水…カップ2杯

作り方

1 トマトは湯むきし、6等分のクシ形に切ります。セロリの茎はうすい小口切りにします。セロリの葉、にんにくはみじん切りにします。

2 鍋にサラダ油を中火で熱し、にんにく、セロリの茎を炒めます。水、鶏ガラスープの素を加えて煮立て、トマトを加えます。

3 トマトが煮くずれ始めたら、塩を加え、水溶き片栗粉をまわし入れて混ぜ、トロミをつけます。溶き玉子を細くまわし入れ、白コショーを振り、セロリの葉を加えてさっと煮て火を止めます。

主菜

アレンジのヒント

牛肉と長ねぎの辛味炒めは、ご飯にのせて丼仕立てにしてもよいでしょう。また、牛肉の代わりにラムうす切り肉を使うと、ひと味違ったおいしさに。やはり香菜がよく合います。

坂田阿希子さんの献立素材

牛スネ肉（ブロック）

牛スネ肉1.4kgで2～5人分3献立の主食または主菜を作ります。まとめて下ごしらえし、1日目も翌日以降にも使います。

1日目は、すぐに食べておいしい料理に

牛スネ肉のカレー

〈献立は59頁〉

牛スネ肉をゆでる作業と、ベースの野菜を切ったり炒めたりする作業を、並行して行うのがポイント。ふたつを合わせて煮込むと、深みのある味わいのカレーが、比較的短い時間で作れます。ゆとりがあれば翌日までねかすと、よりおいしく味わえます。

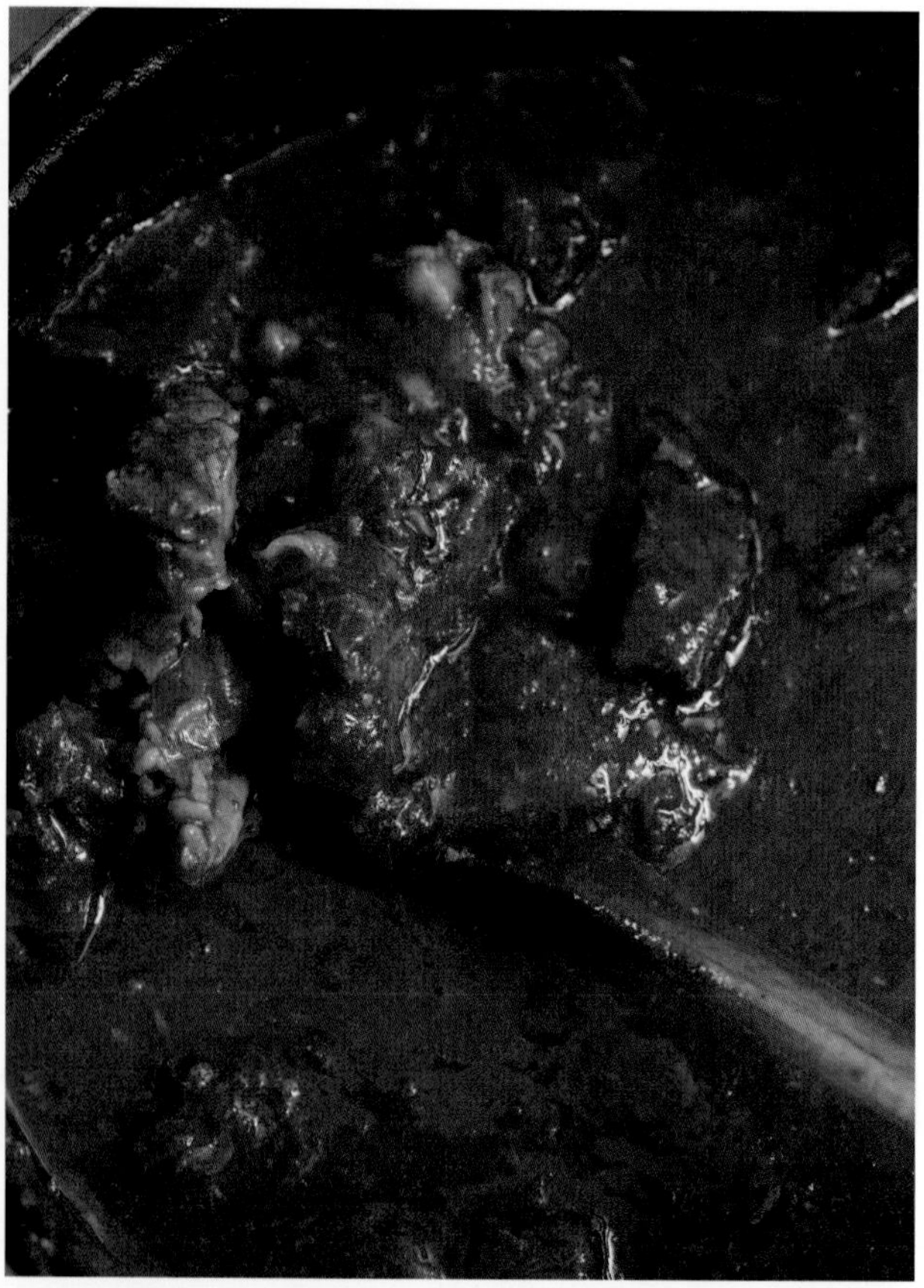

翌日以降のために下ごしらえをしておきます

ゆで牛肉

冷蔵 1週間*

→ コールドビーフのサラダ仕立て〈献立①は60頁〉
→ 牛スネ肉と大根のポトフ〈献立②は62頁〉

牛スネ肉をまとめてゆでて、たっぷりとれたおいしいゆで汁も料理に生かします。圧力鍋を使うと早くゆでられるうえに、澄んだゆで汁がとれます。

材料（作りやすい分量）

- 牛スネ肉（ブロック）…700g×2
- 塩…小サジ$\frac{1}{2}$杯　• 水…2ℓ

作り方

1 牛スネ肉は塩をすり込み、常温に30分ほどおきます。　**2** 1と水を圧力鍋に入れ、高圧で20分ゆでて、自然に冷まします（鍋の容量によっては2度に分けてゆでます）。ふつうの大鍋を使う場合は、フタを半分ずらしてのせて、フツフツと静かに煮立つ位の火加減に調節し、アクを取ります。常にゆで汁が肉にかぶるよう水を足しながら、肉が柔らかくなるまで1時間半ほどゆでます。

＊ゆで汁はゆで牛肉と保存容器を分け、冷蔵で1週間ほど保存できます。

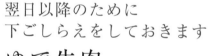

1日目の献立
◎牛スネ肉のカレー
◎ミモザ風コールスロー

主食 牛スネ肉のカレー

牛スネ肉のうま味が詰まった本格派のカレーです。

材料（4〜5人分）
- ゆで牛肉（58頁）…1/2量 •ご飯、ピクルス、らっきょう…各適量
- ゆで牛肉のゆで汁（58頁）…1ℓ
- 玉ねぎ…2コ（うす切り）
- りんご…1/2コ •にんじん…1本 •トマト…大1コ •マッシュルーム…6〜7コ •椎茸…4枚
- にんにく…2片（みじん切り）
- しょうが…大1片（みじん切り）
- ラード…80g •小麦粉…30g
- カレー粉…大サジ4杯 •クミン（粉末。あれば）…小サジ1杯
- 唐辛子…2本 •塩、黒コショー…各適量 •グラニュー糖…40g
- バター（食塩不使用）…大サジ1杯

作り方

1 りんご、にんじんは皮をむいてすりおろします。トマトは湯むきし、種を取って乱切りにします。ゆで牛肉は7等分に切ります。マッシュルームは幅1cmに、椎茸は石突きを落として2〜4等分に切ります。

2 厚手で大きめの深鍋を弱めの中火にかけてラードを溶かし、にんにく、しょうがを炒めます。香りが立ったら玉ねぎを加えて強めの中火にし、玉ねぎが濃い飴色になるまで、25〜40分じっくりと炒めます。

3 小麦粉、カレー粉、クミンを加えて炒め、なじんだら、ゆで牛肉のゆで汁、りんご、にんじん、トマト、種を除いた唐辛子を加えて強火にします。沸騰したら、静かに煮立つ火加減に調節し、15分ほど煮ます。

4 牛肉を加えてフタをし、焦げつかないようときどき底から混ぜながら、30分ほど煮込みます。塩小サジ2杯、黒コショーを加えます。

5 フライパンにバターを入れて強火で溶かし、マッシュルーム、椎茸を炒めます。全体に焼き色がついたら塩1つまみを振り、4に加えます。

6 5のフライパンにグラニュー糖と水少々を入れて強火にかけ、カラメル状に焦げたら5に加えます。好みの濃度になるまで煮詰めたら、味をみて塩でととのえます。

副菜 ミモザ風コールスロー

材料・作り方（2人分） ゆで玉子1コをかために作り、白味と黄味をそれぞれザルで漉して細かくします。シンプルコールスロー（81頁）の上に散らします。

翌日以降の献立 ①
◎コールドビーフのサラダ仕立て
◎かんたんボルシチ風
◎パン

主菜　コールドビーフのサラダ仕立て

シャキシャキ野菜に牛肉を合わせた、ごちそうサラダ。

材料（2人分）

- ゆで牛肉（58頁）…1/4量
- セロリ（茎）…1/2本
- じゃがいも（メークインまたは新じゃがいも）…小1コ
- 紫玉ねぎ…1/2コ
- 黒コショー…適量

A（混ぜ合わせておく）

- オリーブ油…大サジ5杯
- ゆで牛肉のゆで汁（58頁）…大サジ1杯
- 赤ワインビネガー…大サジ1杯
- マスタード…大サジ1/2杯
- 砂糖…小サジ1杯
- 塩…小サジ1杯

作り方

1　じゃがいもはごく細切りにし、水に30分ほどさらします。ザルに広げて熱湯をまわしかけ、少し透明になったら、流水で洗ってぬめりを取ります。ザルに上げ、しっかりと水気をきります。

2　セロリは斜めにごくうす切りにし、さらにごく細切りにして、水に30分ほどさらします。紫玉ねぎはタテにうす切りにし、水に30分ほどさらします。どちらもザルに上げ、しっかりと水気をきります。

3　1、2を合わせて器に盛りつけます。ゆで牛肉を幅1cmに切って野菜の上に並べ、Aをかけて黒コショーを振ります。

1

汁もの　かんたんボルシチ風

牛のゆで汁をベースに、具だくさんに仕上げます。

材料（3〜4人分）

- ゆで牛肉のゆで汁（58頁）…カップ2杯
- トマト…大1コ（湯むきしてざく切り）
- 玉ねぎ…1コ（うす切り）
- セロリ（茎）…1本分（斜めうす切り）
- キャベツ…3枚（せん切り）
- にんにく…1片（みじん切り）
- サワークリーム…適量
- ディル（葉）…適量
- 塩…小サジ1杯
- 白コショー…少々
- バター（食塩不使用）…大サジ2杯

作り方

1　鍋にバターを強めの中火で溶かし、にんにく、玉ねぎ、セロリを入れて炒め、少ししんなりとしたら、キャベツを加えて炒めます。

2　キャベツもしんなりとしたら、トマトを加えてフタをして弱火にし、10分ほど蒸し煮にします。

3　ゆで牛肉のゆで汁を加え、フタをして10分ほど煮ます。塩・コショーを加え、さらに味をみてととのえます。器によそい、サワークリーム、ディルをのせます。

※ゆで牛肉のゆで汁が少し足りない場合は、水で補っても結構です。

主菜

アレンジのヒント

コールドビーフのサラダ仕立ては、牛肉を粗めに割き、野菜と和えてもよいでしょう。また、ドレッシングを韓国風にするのもおすすめ。ゆで牛肉のゆで汁大サジ1杯、ごま油大サジ3杯、レモン汁1/2コ分、塩小サジ2/3〜1杯、しょう油少々を混ぜ合わせてかけ、たっぷりの白コショーを振ります。

翌日以降の献立②
◎牛スネ肉と大根のポトフ
◎いんげんと干しエビの炒めもの
◎ご飯

下ごしらえした「ゆで牛肉」(58頁)を使った主菜

主菜

牛スネ肉と大根のポトフ

鍋にまかせて作れる、澄んだ味わいのひと品です。

材料(2人分)
- ゆで牛肉(58頁)…1/4量
- ゆで牛肉のゆで汁(58頁)…1ℓ
- 大根…1/4本
- 塩、白コショー…各適量

作り方

1 大根は皮をむき、大きめの乱切りにします。

2 鍋にゆで牛肉のゆで汁、大根を入れ、フタをして強火にかけます。煮立ったら弱めの中火にし、大根が柔らかくなるまで30～40分煮ます。

※ゆで牛肉のゆで汁が少し足りない場合は、水で補っても。また、ゆで汁は好みで漉してもよいでしょう。

3 ゆで牛肉を3～4cm角に切って加え、ひと煮立ちしたら、味をみて塩でととのえます。器によそって白コショーを振ります。

主菜

アレンジのヒント

ポトフは、キムチを添えたり、大根の代わりに冬瓜を使うと、ひと味違ったおいしさに。夏は冷やしていただくのもおすすめですが、その場合は冷やしてから煮汁を漉して脂分を取り除き、酢少々を加えましょう。

副菜

いんげんと干しエビの炒めもの

食感がよく、干しエビとザーサイが風味豊かです。

材料(2人分)
- さやいんげん…240g
- 干しエビ…大サジ1杯
- 長ねぎ…1/4本
- ザーサイ…30g
- にんにく…1片
- ごま油…大サジ2杯
- しょう油…小サジ1杯
- 塩…少々
- 酢…小サジ1杯

作り方

1 干しエビは水に20分ほど浸してもどし、みじん切りにします。長ねぎ、ザーサイもみじん切りにします。にんにくはうす切りにします。さやいんげんは、タテ半分に切ってから斜めうす切りにします。

※さやいんげんはタテ半分に切ることで、スジを断ち、食感がよくなります。

2 フライパンにごま油を中火で熱し、にんにくを入れて香りが立つまで炒めます。干しエビ、長ねぎ、ザーサイを加えて炒め、さらに香りが立ったら、さやいんげんを加えて強火にして炒めます。

3 さやいんげんに油がなじみ、フライパンに油分がなくなってきたら、水小サジ1～2杯を加え、色鮮やかになるまで炒めます。しょう油、塩を加えてさっと炒め、最後に酢を加えて炒め合わせて火を止めます。

※水を加えたあとは炒め過ぎず、歯ごたえを残して仕上げましょう。

坂田阿希子さんの献立素材

鶏ひき肉

鶏ひき肉500gで2〜3人分2献立の主菜を作ります。1日目は鶏バーグにし、残りは鶏団子の素にしておきます。

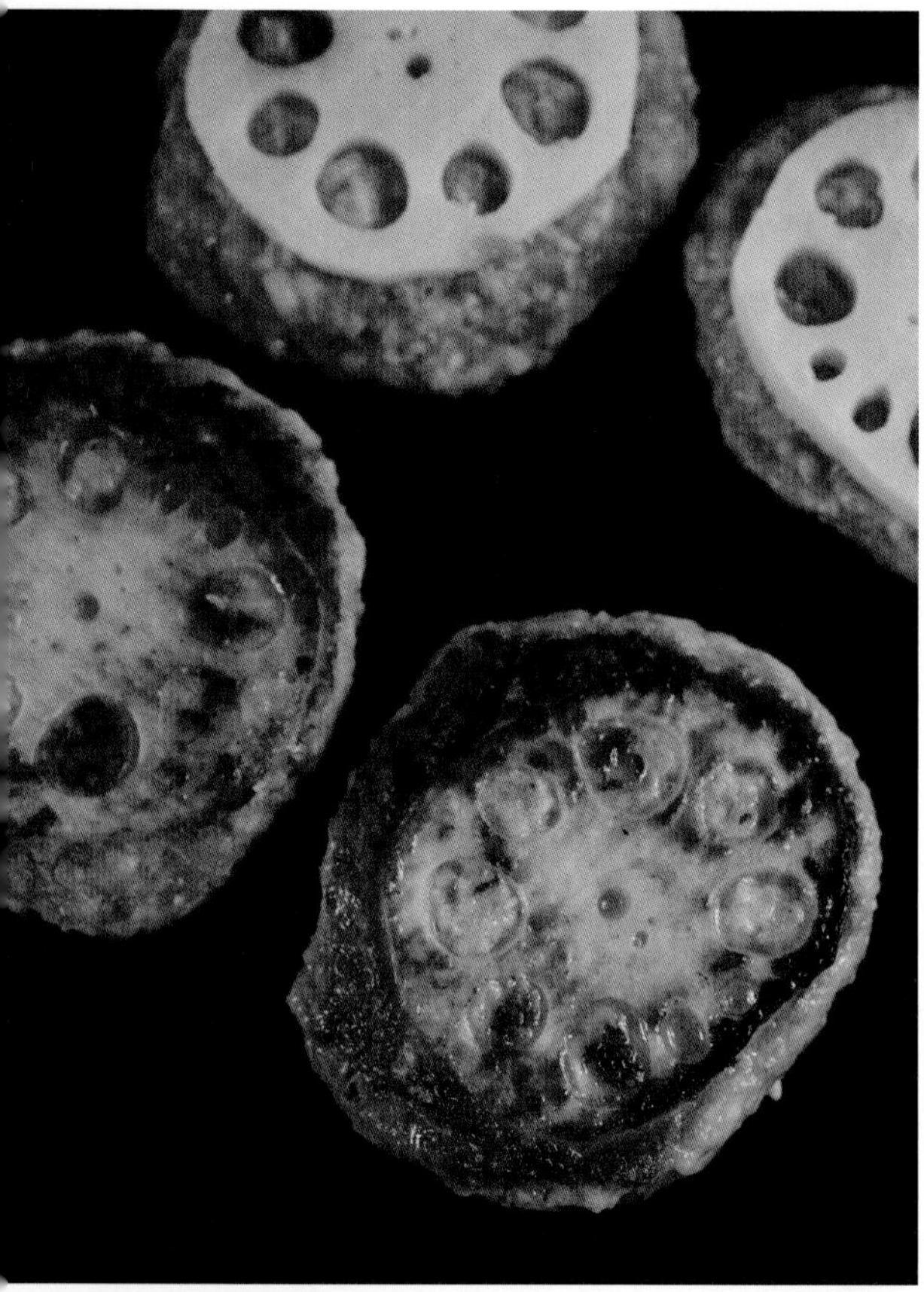

1日目は、すぐに食べておいしい料理に

れんこん鶏バーグ

〈献立は65頁〉

鶏ひき肉のタネは、れんこんのすりおろしを混ぜて、ふんわりとした食感に。タネに混ぜ込むしょうが汁を多めにしぼり、下ごしらえの鶏団子の素に使いましょう。

翌日以降のために下ごしらえをしておきます

鶏団子の素

冷蔵 2~3日

→ 鶏団子と白菜のスープ煮〈献立は66頁〉

傷みやすいひき肉は、塩、しょうが汁を混ぜてから保存しておくと、翌日以降もおいしく味わえます。

材料（作りやすい分量）

- 鶏ひき肉…250g
- しょうが汁…小サジ1杯
- 塩…小サジ1/3杯

作り方

ボールにすべての材料を入れ、手で混ぜ合わせます。厚さ1cmに平らにのばし、ラップで包んで保存用ポリ袋に入れます。

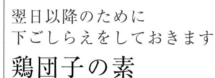

1日目の献立
◎れんこん鶏バーグ
◎なすとかぼちゃの和風カポナータ（83頁）
◎くずし豆腐としょうがのスープ
◎ご飯

主菜 れんこん鶏バーグ

野菜をたっぷり混ぜ込んだ、ヘルシーバーグです。

材料（2人分）
- 鶏ひき肉…250g
- れんこん…100g
- 玉ねぎ…1/4コ（みじん切り）
- 大根…7cm（粗めにおろす）
- 青じそ…2枚
- 小麦粉、サラダ油、しょう油、粉山椒…各適量
- ごま油…大サジ1杯

A
- 溶き玉子…1/4コ分
※残り3/4コ分は左記のスープに使います。
- しょうが汁…小サジ2杯
- 塩…小サジ2/3杯
- 片栗粉…大サジ1杯

作り方

1 れんこんは皮をむき、厚さ2〜3mmの輪切り8枚を取り、片面に小麦粉をうすくまぶします。残りのれんこんはすりおろします。

2 ボールに鶏ひき肉、れんこんのすりおろし、玉ねぎ、Aを加え、粘りが出るまで手早く練り混ぜます。4等分にし、サラダ油を塗った手で、空気を抜きながら厚さ2.5cmに丸く整えます。それぞれ、れんこん2枚の小麦粉をつけた面で挟みます。

3 フライパンにごま油を強めの中火で熱し、2を入れて、片面によく焼き色をつけます。返して同様に焼き、フタをして弱火で3〜4分蒸し焼きにします。器にのせてしょう油をかけ、青じそ、大根おろしを添えて、全体に粉山椒を振ります。

汁もの くずし豆腐としょうがのスープ

材料・作り方（2人分） 鍋にごま油大サジ1杯を中火で熱してしょうが1片（みじん切り）を炒め、香りが立ったら、木綿豆腐1丁を大きくくずして加えて炒めます。鶏ガラスープの素小サジ1/3杯、水カップ2杯を入れ、煮立ったら、塩小サジ1/2杯、しょう油少々を加えます。長ねぎ2cm（みじん切り）、溶き玉子3/4コ分（鶏バーグの残り）を入れ、玉子がふわっと浮いてきたら軽く混ぜて火を止めます。

翌日以降の献立
◎鶏団子と白菜のスープ煮
◎香味野菜と干物のサラダ
◎ご飯

主菜

鶏団子と白菜のスープ煮

うま味に満ちたスープで、鶏団子を煮込みます。

材料（2～3人分）

•鶏団子の素（64頁）…全量 •白菜…1/4株（芯は幅1cmに切り、葉は大きめのざく切り） •緑豆春雨…30g •干しエビ…小サジ1杯 •干し貝柱…2コ •日本酒…カップ1/4杯 •水…カップ1 1/2杯 •塩、黒コショー…各適量

A •長ねぎ…5cm（みじん切り） •しょうが…1片（みじん切り） •玉子…S1コ •しょう油…小サジ1杯 •片栗粉…小サジ1杯

•塩、黒コショー…各少々

作り方

1 干し貝柱は水カップ2杯（分量外）に浸し、冷蔵庫に一晩おいてもどします。干しエビは水に20分ほど浸してもどします。春雨は熱湯をまわしかけ、しんなりとしたら水洗いし、食べやすく切ります。

2 ボールに鶏団子の素、Aを入れ、センイを切るようにしながら、一方向によく練り混ぜます。

3 フタがきっちりできる大きめの鍋の底に白菜の芯を並べ、日本酒、水カップ1/4杯、干しエビ、ほぐした貝柱を入れます。中火にかけ、煮立ったらフタをして弱火にし、15分ほど蒸し煮にします。

4 水気が充分に上がってきたら、残りの水カップ1 1/4杯、貝柱のもどし汁カップ1 1/2杯を加えます。フタをして中火にし、白菜の芯が柔らかくなるまで10分ほど煮ます。

5 サラダ油を塗った手で2を握り、10等分位の大きさにスプーンで丸く形作って4に加えます。アクを取り、白菜の葉を加えてフタをします。

6 6～7分煮て、団子に火が通ったら春雨を加えます。味をみて塩でととのえ、器によそって黒コショーを振ります。

5

副菜

香味野菜と干物のサラダ

香味野菜と香ばしく焼いたアジを、梅風味で。

材料（2人分）

•アジの干物…1枚
•クレソン…1束
•三つ葉…1束
•サラダ菜…1/2コ
•きゅうり…1本
•梅醤ドレッシング（85頁）…大サジ2～3杯

作り方

1 干物はグリルなどで両面をこんがりと焼き、骨を除きながら、身を食べやすくほぐします。

2 クレソン、三つ葉、サラダ菜は、冷水に浸して水気をきります。クレソンは茎を小口切りに、葉は長さ4cmに切ります。三つ葉は長さ4cmに切ります。サラダ菜は食べやすくちぎります。

3 きゅうりは厚さ2～3mmの小口切りにします。

4 ボールに1、2、3を入れ、ドレッシングを加えてよく和えます。

主菜

アレンジのヒント

スープ煮の白菜は、春なら代わりに新キャベツを使うのもおすすめです。また、夏はトマトを加えると、さっぱりとしたおいしさに。ナムプラー少々を加えて、エスニック風にしてもよいでしょう。

坂田阿希子さんの献立素材

サバ

サバ４切れ（１尾分）で２人分２献立の主菜を作ります。
１日目は焼いて香味野菜のせにし、残りはマリネしておきます。

１日目は、すぐに食べておいしい料理に

焼きサバの香味野菜のせ

〈献立は69頁〉

シンプルなサバの塩焼きに香味野菜をたっぷり添えれば、いつもとはひと味違ったおかずになります。サバが手に入りにくい時季は、サワラで代用しても結構です（下記のサバのしょう油マリネも同様）。

翌日以降のために下ごしらえをしておきます

サバのしょう油マリネ

冷蔵 2~3日

→ サバの中華風香り揚げ〈献立は70頁〉

サバにしょうがじょう油の風味をしみ込ませます。翌日以降は、小麦粉を厚めにまぶして揚げて、竜田揚げ風に。

材料（２人分）

- サバ（二枚おろしで1/4尾分）…２切れ
- しょうが…１片（すりおろし）

A
- しょう油…大サジ３杯
- 日本酒…大サジ１杯
- 黒コショー…適量
- 八角（あれば）…１コ

作り方

1　小鍋にAを入れて強火にかけ、軽く煮立ててからバットに移し、冷まします。

2　サバは１切れを２～３等分にそぎ切りします。１にしょうが、サバを入れて漬けます。２～３日漬けておけますが、30分以上おけば、その日に揚げてもおいしくいただけます。

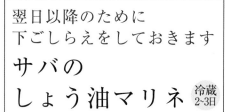

1日目の献立
◎焼きサバの香味野菜のせ
◎かぶのタラコ和え
◎なめこのみそ汁　◎ご飯

主菜　焼きサバの香味野菜のせ

最後に熱いごま油をかけ、香味あふれるおいしさに。

材料（2人分）
- サバ（二枚おろしで1/4尾分）…2切れ　•大根おろし…適量
- 長ねぎ…1/4本　•細ねぎ…4本
- みょうが…2コ　•青じそ…5枚
- 塩…少々　•しょう油…小サジ2杯　•レモン汁…小サジ2杯
- ごま油…大サジ2杯

作り方

1　長ねぎ、細ねぎは斜めにごく細切りにし、水にさらして水気をきります。みょうがはうすい小口切りにし、別の水にさらして水気をきります。青じそはせん切りにします。

2　サバは両面に塩を振り、グリルなどで両面ともこんがりと焼きます。器にのせ、しょう油、レモン汁を半量ずつまわしかけ、大根おろしと1を半量ずつのせます。

3　小さめのフライパンにごま油を入れて強火にかけ、煙が出るまで熱したら、2の上にまわしかけます。

副菜　かぶのタラコ和え

かぶの葉が辛味を添え、タラコがよく合います。

材料（2人分）
- かぶ…2コ　•かぶ（葉）…1コ分（小口切り）　•タラコ…1腹（うす皮を取ってほぐす）　•塩…小サジ1/2杯

A
- オリーブ油…大サジ1杯
- レモン汁…小サジ1杯
- しょう油…少々

作り方

1　かぶは皮をむき、タテに厚さ2㎜のうす切りにします。ボールに入れて塩を振ってよく揉み込み、葉も加えて揉み込みます。水気が出るまで20分ほどおきます。

2　別のボールにタラコとAを入れて混ぜます。1の水気をよくしぼって加え、和えます。

汁もの　なめこのみそ汁

材料・作り方（2人分）　鍋にダシカップ2杯を中火で沸かし、なめこ1パックを加えて軽く煮ます。みそ大サジ1杯を溶き入れ、煮立つ直前で火を止めます。

サバ

翌日以降の献立「サバのしょう油マリネ」を使って

翌日以降の献立
◎サバの中華風香り揚げ
◎四川風キャロットラペ
◎オクラとトマトのスープ
◎ご飯

主菜 サバの中華風香り揚げ

しょう油風味のサバと、五香粉入りの衣が絶妙です。

材料（2人分）
- サバのしょう油マリネ（68頁）…全量
- 万願寺唐辛子（またはししとう）…適量
- 小麦粉…大サジ3杯
- 五香粉…小サジ$\frac{1}{2}$杯
- 揚げ油…適量

作り方

1 バットに小麦粉と五香粉を入れてよく混ぜ合わせます。サバの汁気を拭き取ってバットに入れ、全体にしっかりと厚めに粉をまぶします。

2 揚げ油を170℃に熱します。万願寺唐辛子に、竹串で数カ所穴を開けてから揚げ油に入れ、40秒ほど揚げて油をきります。

3 揚げ油を再び170℃に熱します。中火にし、サバを入れて上下を返しながら揚げます。表面全体がカリッとしたら、強火にし、色よく揚げて油をきります。2とともに器に盛りつけます。

※少なめの油でも揚げられるので、フライパンなどを使っても。

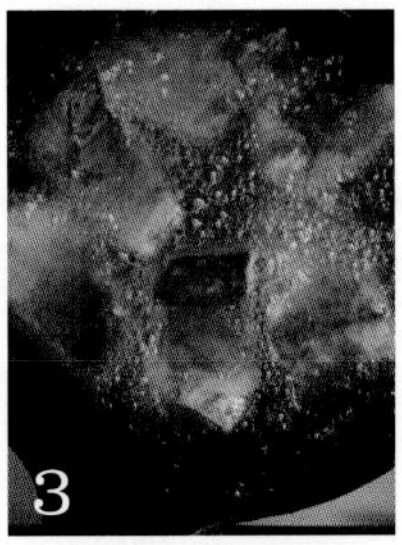
3

主菜 アレンジのヒント

サバの中華風香り揚げは、マリネ液の八角と衣の五香粉を省き、和風の味わいにしても。その場合、マリネ液に砂糖小サジ2杯（または、みりん大サジ1杯）を加え、やや甘めにするとよいでしょう。

副菜 四川風キャロットラペ

辛味と香味、シャキシャキ感を楽しめるラペです。

材料（作りやすい分量）
- にんじん…2本 ・香菜…2株
- 四川ソース（84頁）…大サジ1$\frac{1}{2}$〜2杯

作り方

1 にんじんは皮をむいてせん切りに、香菜は長さ1cmに切ります。

2 ボールににんじんを入れ、四川ソースを加えてよく和えます。さらに香菜を加えて和えます。

※3〜4日ほど冷蔵保存できます。

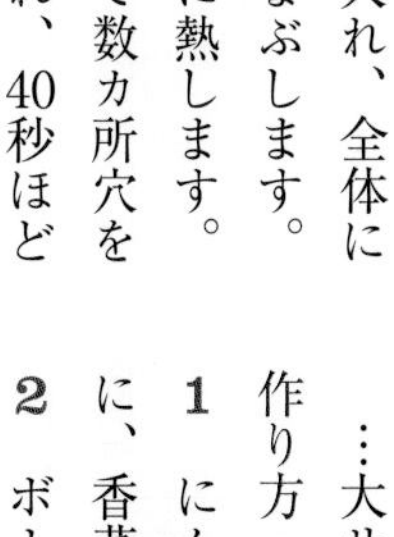
2

汁もの オクラとトマトのスープ

オクラのトロミ、トマトのうま味が生きています。

材料（2人分）
- オクラ…6本
- ミニトマト…8コ
- にんにく…1片（みじん切り）
- しょうが…$\frac{1}{2}$片（みじん切り）
- 塩…適量
- ごま油…小サジ2杯
- 鶏ガラスープの素…小サジ$\frac{1}{2}$杯
- 水…カップ2杯

作り方

1 オクラはまな板に並べて塩少々を振り、手で押さえつけながら転がして板ずりします。さっと洗って水気を拭き取り、小口切りにします。ミニトマトは半分に切ります。

2 鍋にごま油を中火で熱し、にんにく、しょうがを炒めます。香りが立ったら、水、鶏ガラスープの素、オクラ、ミニトマトを加え、ひと煮立ちさせます。塩小サジ$\frac{1}{2}$杯を加え、味をみて塩でととのえます。

坂田阿希子さんの献立素材

刺身

刺身430gで2~4人分2献立の主食を作ります。1日目はちらし寿司にし、残りはマリネしておきます。

1日目は、すぐに食べておいしい料理に

シンプル洋風ちらし寿司

〈献立は73頁〉

彩りも美しい、おもてなしにもぴったりのちらし寿司。刺身に味つけし、錦糸玉子を作る位の手間で、思いのほか簡単に作れます。ホタテと鯛はオリーブ油とレモン汁で和え、軽やかな味わいに仕上げます。

翌日以降のために下ごしらえをしておきます

刺身のマリネ

冷蔵 1~2日

→ 魚介のラグーソースパスタ
〈献立は74頁〉

刺身は大まかに切ってオリーブ油に漬けておくことで、うま味が流れ出ません。翌日以降は火を入れてパスタソースにし、1日目とはまったく違う味わいを楽しみます。

材料(2人分)

- マグロの刺身、ホタテの刺身、鯛の刺身…合わせて150g
- オリーブ油…大サジ3~4杯

作り方

マグロと鯛は5×2~3cm位に大まかに切ります。ホタテとともに、ステンレスやホウロウなどの保冷性の高い保存容器に入れ、オリーブ油を加えて混ぜ、ラップをかけます。

1日目の献立
◎シンプル洋風ちらし寿司
◎海苔すい

主食 シンプル洋風ちらし寿司

オリーブ油とレモンを効かせた、やさしい味わい。

材料（3〜4人分）
・マグロの刺身、ホタテの刺身…各100g（1cm角に切る）・鯛の刺身…80g（厚さ5mmにそぎ切り）
・米…2合　・きゅうり…1本
・絹さや…6枚（スジを取る）
・昆布…5cm角　・しょうがの甘酢漬け…30g（みじん切り）・白炒りごま、オリーブ油…各大サジ2杯
・塩…適量

錦糸玉子
・玉子…2コ
・砂糖…小サジ2杯
・塩…小サジ1/3杯
・サラダ油…適量

A
・米酢…カップ1/4杯
・砂糖…大サジ2杯
・塩…小サジ1 1/2杯

B
・しょう油…大サジ2杯
・わさび…小サジ1/2杯

C
・レモン汁…小サジ2杯
・塩…小サジ1/2杯

作り方

1　米は洗って同量の水と昆布を加えて炊きます。飯台などに移し、混ぜ合わせたAをまわしかけ、しゃもじで切るように混ぜます。しょうがの甘酢漬け、ごまも混ぜます。

2　きゅうりはうすい小口切りにし、塩少々を振って揉み、水気が出たらしぼります。絹さやはさっと塩ゆでして冷水に取り、水気を拭き取って斜め3つに切ります。

3　錦糸玉子を作ります。ボールに玉子をほぐし、砂糖、塩を混ぜます。フライパンにサラダ油を強めの中火で熱し、玉子液をごくうすく広がる量だけ入れて焼きます。これをくり返し、冷めたらごく細切りにします。

4　マグロは混ぜ合わせたBと和えます。ホタテ、鯛は合わせてオリーブ油と和え、さらに混ぜ合わせたCと和えます。

5　器に1をよそい、きゅうり、4、錦糸玉子、絹さやを盛りつけます。

汁もの 海苔すい

材料・作り方（2人分）　梅干し小1コは果肉を細かくちぎって碗2つに半量ずつ入れ、岩海苔（またはあおさ海苔）を大サジ1杯ずつ加えます。ダシカップ2杯を沸かし、しょう油少々、塩小サジ1/2杯で調味し、碗に半量ずつ注ぎます。

翌日以降の献立
◎魚介のラグーソースパスタ
◎サラダ菜のアンチョビ風味

下ごしらえした「刺身のマリネ」（72頁）を使った主食

主食 魚介のラグーソースパスタ

魚介の豊かな風味に、イタリアンパセリが香ります。

材料（2人分）
- 刺身のマリネ（72頁）…全量
- スパゲティ（1.6㎜）…200g
- レモン
  …2切れ（厚さ2㎝の半月切り）
- イタリアンパセリ（葉）
  …大サジ3杯（みじん切り）
- にんにく…1片（みじん切り）
- 唐辛子…1本
- 塩…適量
- オリーブ油…大サジ2杯
- 白ワイン…大サジ2杯

作り方

1 刺身はすべて1㎝角に切ります。漬けたオリーブ油を大サジ1～2杯取り分けておきます。

2 鍋に2ℓの湯を沸かし、塩大サジ$1\frac{1}{2}$杯を入れて、スパゲティを表示時間より2分短くゆでます。

3 スパゲティをゆでる間にソースを作ります。フライパンに新しいオリーブ油、にんにくを入れて、弱めの中火にかけます。フライパンを傾けて油を集め、にんにくがこんがりと色づき、香りが立つまで火を入れます。

4 唐辛子を加えて強火にしてさっと炒め、さらに1を取り分けたオリーブ油ごと加えて、ほぐしながら炒め合わせます。刺身に火が通って細かくほぐれたら、白ワインを加え、強火のまま炒め合わせて煮詰めます。

5 スパゲティのゆで汁80mℓを取り出し、4に加えて混ぜてトロミをつけます。ゆでたてのスパゲティをトングで取り出して加え、よく和えます。味をみて塩でととのえ、イタリアンパセリを加えて和えます。

※ソースを煮詰め過ぎてしまったら、ゆで汁を追加して調節します。

6 器によそってレモンを添え、レモン汁をしぼりかけていただきます。

副菜 サラダ菜のアンチョビ風味

うま味と塩気で味わう、シンプルなサラダです。

材料（2人分）
- サラダ菜…1コ
- アンチョビドレッシング（85頁）
  …大サジ2杯
- 黒コショー…適量

作り方

1 サラダ菜は大きめにちぎり、冷水に浸してパリッとさせます。

2 サラダ菜の水気をよくきってボールに入れ、アンチョビドレッシングを加えて和えます。器に盛りつけ、黒コショーを振ります。

主食

アレンジのヒント

パスタは器によそったあと、すりおろしたパルミジャーノ・レッジャーノを各大サジ1杯ほど振りかけると濃厚なおいしさに。チーズの塩気が加わるので、手順5では、塩気をやや控えめに仕上げるとよいでしょう。

坂田阿希子さんの献立素材

サンマ

サンマ4尾で2人分2献立の主菜または主食を作ります。1日目はカレー風味揚げにし、残りも一緒に揚げてほぐしておきます。

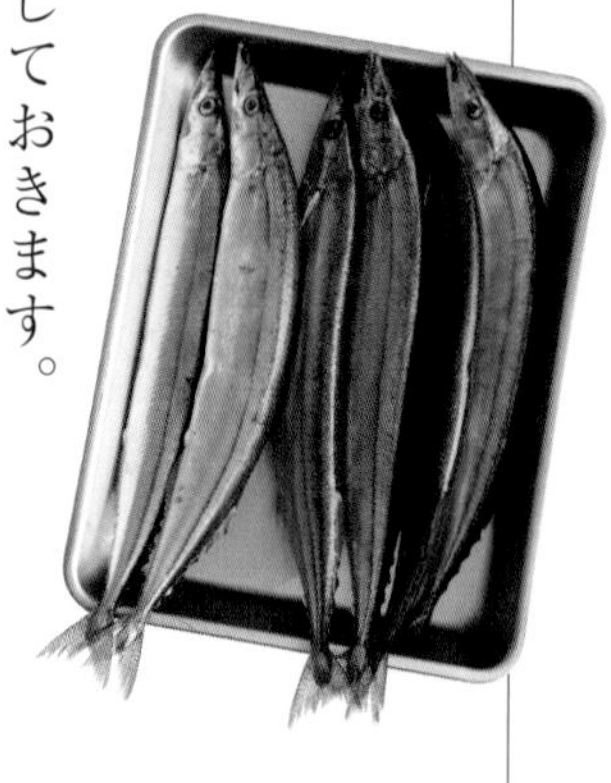

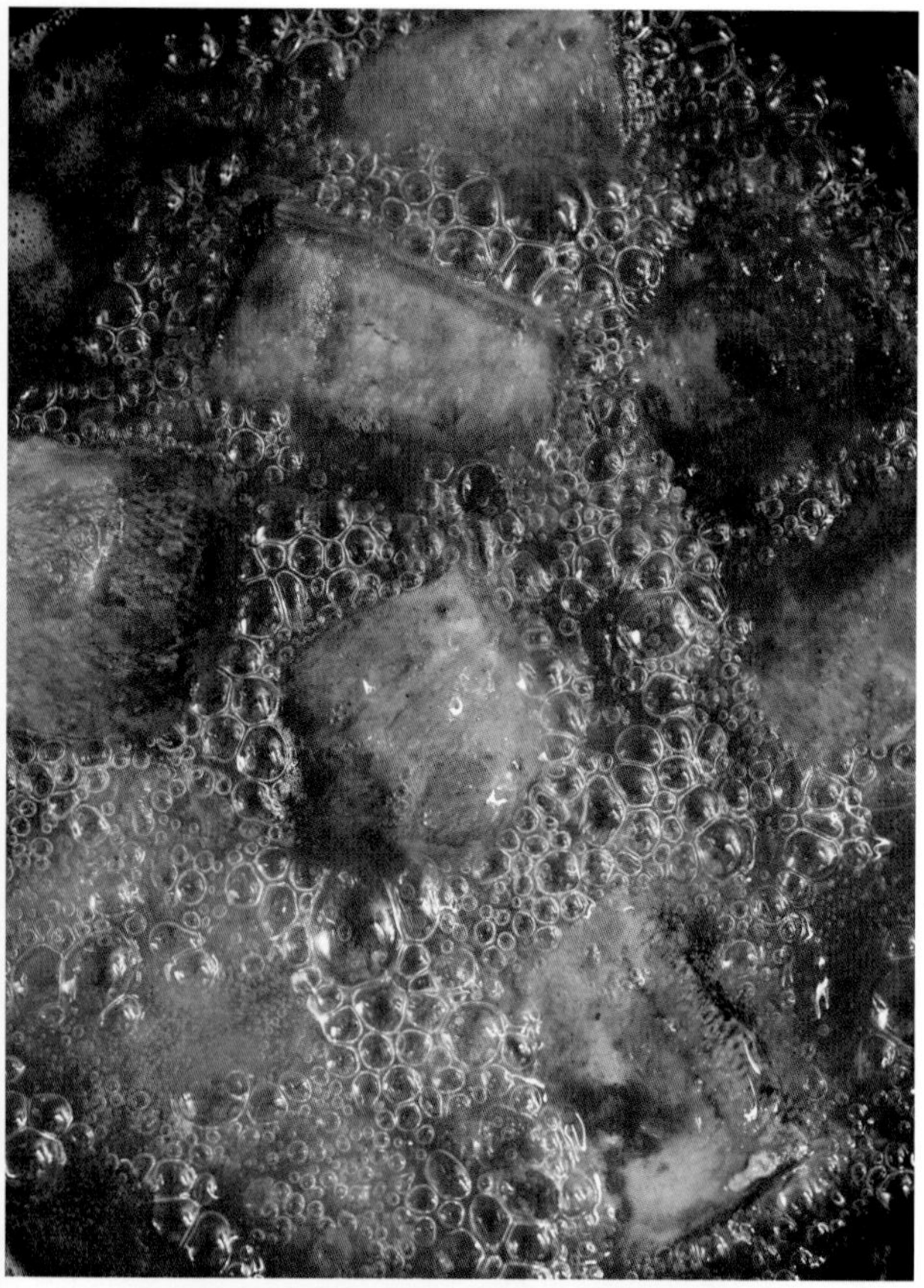

1日目は、すぐに食べておいしい料理に

サンマのカレー風味揚げ

〈献立は77頁〉

脂ののった旬のサンマに、カレー粉と小麦粉をつけてカラリと揚げます。カレー粉は全体にまぶさず、切り口にほどよくつけるのがコツ。サンマが手に入りにくい時季は、イワシで代用しても結構です（下記のサンマの揚げほぐしも同様）。サンマの下処理と揚げる作業は、下ごしらえの揚げほぐしも共通なので、一緒に済ませましょう。

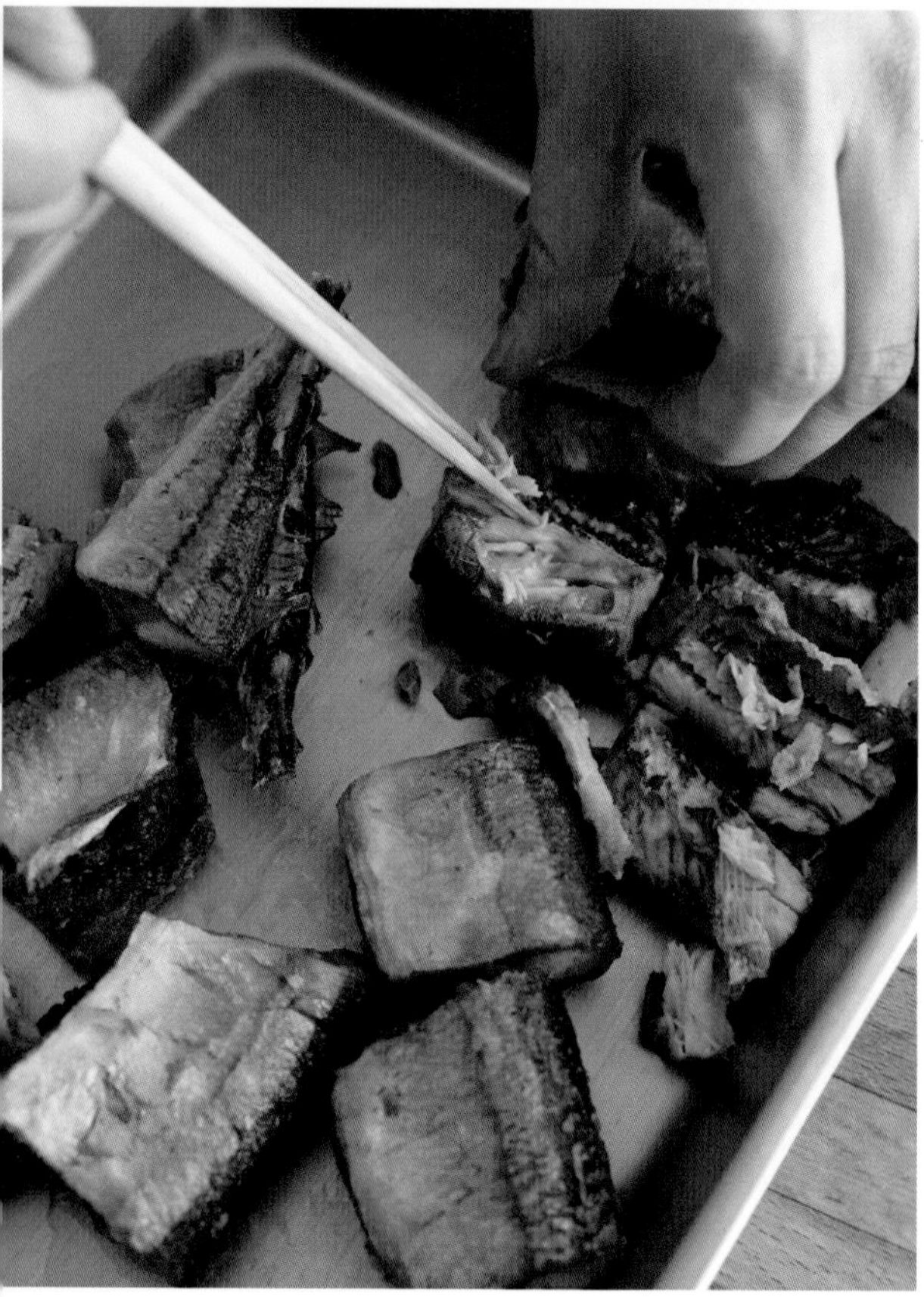

翌日以降のために下ごしらえをしておきます

サンマの揚げほぐし

冷蔵2日

→ サンマのシチリア風パスタ
〈献立は78頁〉

揚げたサンマをほぐしておき、翌日以降はシチリア風パスタにします。

材料（2人分）

- サンマ…2尾
- 小麦粉、揚げ油…各適量

作り方

1　サンマは頭と尾を落とし、腹に切れ目を入れてワタを取り除きます。腹の中を洗って水気をよく拭き取り、1尾を4つに筒切りにします。

2　1に小麦粉をうすくまぶして180℃の揚げ油に入れ、色づくまで揚げて油をきります（サンマのカレー風味揚げの手順2と3の間に揚げます）。骨を取り除いて菜箸で粗くほぐします。

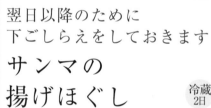

主菜 サンマのカレー風味揚げ

カリッと揚げてスパイシー、ビールにもぴったり。

材料（2人分）

・サンマ…2尾 ・じゃがいも…2〜3コ ・レモン…2切れ（厚さ2cmのいちょう切り） ・パセリ、揚げ油、塩、小麦粉…各適量 ・カレー粉…大サジ1/2杯

A（混ぜ合わせておく）

・しょうが汁…小サジ2杯 ・しょう油…大サジ2杯 ・日本酒…大サジ1杯 ・黒コショー…適量

作り方

1 サンマは76頁の「作り方」と同様に、1尾を4つに筒切りにするまでの下処理をします。Aに入れ、30分ほど漬けます。

2 じゃがいもは皮つきのまま乱切りにします。鍋に湯を沸かし、じゃがいもを柔らかくなるまで中火でゆで、湯をきって水気を拭き取ります。180℃の揚げ油に入れ、色づくまで揚げて油をきり、塩を振ります。

3 サンマの汁気を拭き取り、カレー粉を切り口につけ、小麦粉は全体にまぶします。180℃の揚げ油に入れ、こんがりと色づくまで揚げて油をきります。器に盛りつけ、2、パセリ、レモンを添えます。

汁もの じゃがいものポタージュ

シンプルな材料で手軽に作れるポタージュです。

材料（2人分）

・じゃがいも…2コ（厚さ3〜4mmのいちょう切り）
・長ねぎ…1/4本（小口切り）
・細ねぎ…少々（小口切り）
・バター（食塩不使用）…20g
・牛乳、水…各カップ1杯
・塩…小サジ1/3杯
・白コショー…適量

作り方

1 鍋にバターを中火で溶かし、じゃがいも、長ねぎ、塩を入れて軽く炒めます。水カップ3/4杯を加えてフタをして弱火にし、15分煮ます。

2 1と残りの水をミキサーで攪拌し、鍋に戻し入れ、火にかけて牛乳を加えて混ぜます。塩（分量外）で味をととのえ、器によそって白コショーを振り、細ねぎを散らします。

翌日以降の献立「サンマの揚げほぐし」を使って

翌日以降の献立
◎サンマのシチリア風パスタ
◎ルッコラとオレンジのサラダ

下ごしらえした「サンマの揚げほぐし」(76頁)を使った主食

主食 サンマのシチリア風パスタ

香味野菜やレーズンを加えた、リッチなおいしさ。

材料(2人分)

•サンマの揚げほぐし(76頁)…全量 •スパゲティ(1.9㎜)…200g •みょうが…3コ •イタリアンパセリ(葉)…1束分(みじん切り) •にんにく…1片(みじん切り) •ケイパー…大サジ1杯(みじん切り) •サルタナレーズン…大サジ4杯 •松の実…大サジ2杯 •オリーブ油…大サジ2杯 •塩…適量 •黒コショー…少々 •しょう油…小サジ1/2杯

作り方

1 みょうがはうすい小口切りにし、水にさらしてザルに上げます。松の実は色づくまでオーブントースターなどでローストするか、フライパンでカラ炒りします。

2 鍋に2ℓの湯を沸かし、塩大サジ1 1/2杯を入れて、スパゲティを表示時間より2分短くゆでます。

3 スパゲティをゆでる間にソースを作ります。フライパンにオリーブ油、にんにくを入れて弱めの中火にかけます。フライパンを傾けて油を集め、にんにくがこんがりと色づき、香りが立つまで火を入れます。

4 サンマを加えて中火にし、軽く炒めます。みょうがの半量、ケイパー、レーズン、塩小サジ2/3杯、コショーを加え、炒め合わせます。

5 スパゲティのゆで汁80㎖を取り出して加え、しょう油も加えて、フライパンをゆすりながら煮詰めます。ゆでたてのスパゲティをトングで取り出して加え、よく和えます。

※ソースを煮詰め過ぎてしまったら、ゆで汁を追加して調節します。

6 味をみて塩でととのえ、最後に松の実、イタリアンパセリを加えて和えます。器によそい、残りのみょうがを散らします。

3

副菜 ルッコラとオレンジのサラダ

ルッコラの辛味にオレンジがさわやかなサラダです。

材料(2人分)

•ルッコラ…1束 •オレンジ…1コ •オリーブ油…大サジ2杯 •塩…適量(めやすは小サジ1/2杯) •黒コショー…少々 •赤ワインビネガー…小サジ1/2杯

作り方

1 ルッコラは葉を摘んで冷水にさらし、水気をよくきります。オレンジは皮をむいて乱切りにします。

※オレンジは写真のように、天地を切り落としてからまな板に立てて置き、上から下に向かって庖丁を入れて皮をむくと、果汁が流れ出にくくなります。

※残ったルッコラの茎は、スープなどに使うとよいでしょう。

2 1を器に盛り、オリーブ油、塩、コショー、ビネガーを振りかけます。

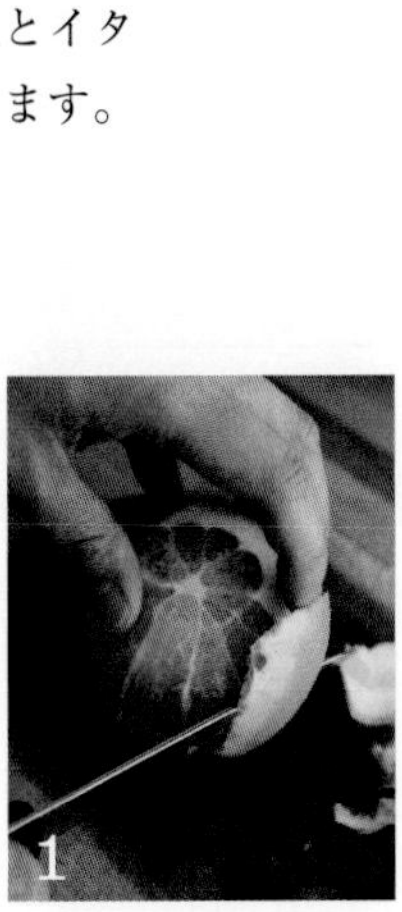

1

主食

アレンジのヒント

シチリア風パスタの具材は、ご飯と炒め合わせてもおいしく味わえます。手順1、3、4と同様に作ってからご飯を加え、水分をとばして炒め、仕上げに松の実とイタリアンパセリを混ぜ合わせます。

坂田阿希子さんの作りおき

野菜たっぷりの常備菜、アレンジにも便利な調味料をご紹介します。

55頁で使用します

はしっこ野菜の韓国風マリネ

冷蔵 3~4日

残りがちな野菜を使い、食感を生かして作ります。

材料（作りやすい分量）

- 大根…1/4本
- きゅうり…1本
- にんじん…1/3本
- 椎茸…2~3枚
- 白炒りごま…大サジ1杯
- 塩、ごま油…各適量

A（混ぜ合わせておく）

- にんにく …小サジ1杯（すりおろし）
- 砂糖…大サジ2杯
- 酢…大サジ2杯
- しょう油…大サジ1杯
- 塩…小サジ1/2杯
- ごま油…適量

作り方

1 大根、にんじんは皮をむき、それぞれ、8㎜角、5㎜角の拍子木切りにします。きゅうりはタテ半分に切ってから斜めうす切りにします。椎茸は軸を取ってうす切りにします。

2 大根、きゅうりにはそれぞれ3つまみ位の塩を、にんじんには2つまみ位の塩を振って混ぜます。水気が出たら軽くしぼります。

3 フライパンにごま油小サジ2杯を強めの中火で熱し、大根を入れて炒め、少し透き通ったら塩を軽く振って混ぜ、ボールに取り出します。フライパンに油を少しずつ足しながら、きゅうり、にんじん、椎茸も1種類ずつさっと炒め、塩を軽く振り混ぜて、同じボールに取り出します。※きゅうり、にんじんは色鮮やかになったら、椎茸はしんなりしたら取り出します。

4 3にA、ごまを加え、よく和えて出来上がり。保存容器に入れます。

シンプルコールスロー

冷蔵3~4日

みずみずしい味わい。サンドイッチの具材にも。

材料（作りやすい分量）

- キャベツ…1/2コ
- 玉ねぎ…1/3コ
- 塩…小サジ2/3杯
- オリーブ油…大サジ3杯
- 白ワインビネガー…小サジ4杯
- 砂糖…小サジ2杯
- 白コショー…少々

作り方

1 キャベツはせん切りにし、玉ねぎはタテにうす切りにします。ボールに入れて塩を振って混ぜ、水気が出るまで20分ほどおきます。よく揉み込んでから、ボールを傾けて水気をきります。

※しぼらずに水気をほどよくきると、みずみずしいおいしさになります。

2 オリーブ油、ワインビネガー、砂糖を加えて手でよく和え、コショーを振ります。1時間ほどおいて味をなじませ、保存容器に入れます。

47頁、59頁で使用します

キャロットラペ

冷蔵4~5日

赤ワインビネガーを使い、深みのあるおいしさです。

材料（作りやすい分量）

- にんじん…2本　・塩…適量
- フレンチマスタード…小サジ2杯
- 砂糖…小サジ1/3杯
- 白コショー…少々
- 赤ワインビネガー…大サジ1杯
- オリーブ油…大サジ4杯

作り方

1 にんじんは皮をむき、せん切りにします（スライサーでうす切りにしてから切っても）。ボールに入れて塩小サジ1/3杯を混ぜ、しんなりするまで30分ほどおきます。

2 別のボールにマスタード、塩小サジ1/2杯、砂糖、コショーを入れて混ぜ、さらにワインビネガーを加えて混ぜます。最後にオリーブ油を少しずつ加えながら混ぜます。

3 にんじんの水気をしっかりとしぼって2に加えて和え、保存容器に入れます。

77頁で使用します

じゃばらきゅうりの甘酢漬け

じゃばらの切り込みが甘酢を含み、食感も抜群。

冷蔵 4~5日

材料（作りやすい分量）

- きゅうり…6本
- 塩…小サジ1杯弱

A
- 酢…カップ1杯　・砂糖…60g
- 塩…大サジ$1\frac{1}{2}$杯
- 水…カップ$1\frac{1}{2}$杯

作り方

1　きゅうりは斜めに細かく深い切れ目を入れます。真裏に返し、表側の切れ目と交差するように、同様の切れ目を入れます。

2　1に塩をまぶして30分ほどおきます。水気をきって長さ半分に切り、耐熱性の保存容器に入れます。

3　鍋にAを入れて混ぜながら強火にかけ、沸騰したら2に注ぎ、粗熱が取れてから冷蔵庫に入れます。翌日から食べられます。

※ひと口大に切って豚バラ肉と炒め合わせ、しょう油で味つけするのもおすすめです。

51頁で使用します

れんこんのレモンサラダ

れんこんのぬめりを落とし、シャキッと仕上げます。

冷蔵 3~4日

材料（作りやすい分量）

- れんこん…1節
- レモン（皮）…1コ分（すりおろし）
- 酢…少々

A（混ぜ合わせておく）
- オリーブ油…大サジ3杯
- レモン汁…大サジ1杯
- 塩…小サジ1杯
- しょう油…少々

作り方

1　れんこんは皮をむいてごくうす切りにし（スライサーを使っても）、水にさらしてザルに上げます。

2　鍋に湯を沸かして酢を加え、れんこんをさっとゆでて湯をきり、流水で洗ってザルに上げます。

3　ボールに2を入れ、Aを加えて和え、さらにレモンの皮を加えて和えます。15分ほどおいて味をなじませ、保存容器に入れます。

48頁で使用します

52頁で使用します

大根のラーパーツァイ風

冷蔵4〜5日

しょうがが効いた、ピリ辛甘酢の漬けものです。

材料（作りやすい分量）
- 大根…2/3本
- しょうが…1片
- 唐辛子…2本
- 塩…小サジ1杯
- ごま油…大サジ2杯

A（混ぜ合わせておく）
- 酢…カップ1/4杯
- 砂糖…大サジ3杯
- 塩…小サジ1杯

作り方

1 大根は皮をむき、厚さ1㎜の輪切りにします。ボールに入れて塩を振って揉み込み、同じサイズのボールなどを重しにして30分漬けます。

2 しょうがはごく細いせん切りにします。唐辛子は種を取り、ぬるま湯でもどし、小口切りにします。

3 1の水気をよくしぼって保存容器に入れ、Aを加えて和えます。小鍋にごま油と2を入れて中火にかけ、しょうががチリチリになって香りが立ったら大根にかけます。20分ほどおいて味をなじませます。

65頁で使用します

なすとかぼちゃの和風カポナータ

冷蔵3〜4日

炒め煮した野菜にダシじょう油をしみ込ませます。

材料（作りやすい分量）
- なす…3本
- かぼちゃ…1/4コ
- 玉ねぎ…1/2コ
- ミディトマト…4コ（半分に切る）
- にんにく…1片
- オリーブ油…大サジ3杯

A
- ダシ…カップ1/4杯
- レモン汁…小サジ2杯
- しょう油…大サジ2杯
- 砂糖…小サジ1杯

作り方

1 なす、かぼちゃは皮つきのままひと口大の乱切りにします。玉ねぎはタテに幅1.5〜2㎝に切り、にんにくは芯を取ってうす切りにします。

2 フライパンにオリーブ油、にんにくを入れ、弱めの中火で香りが立つまで炒めます。残りの1を加えて強めの中火にし、塩1つまみ（分量外）を振ってフタをします。ときどきフタを取って炒め、火を通します。

3 保存容器に移し、A、トマトを加えます。冷めたらいただけます。

青唐辛子じょう油

冷蔵2カ月

青唐辛子のさわやかな辛味が生きています。

材料（作りやすい分量）
- 青唐辛子…10本
- 万願寺唐辛子…3〜4本

※青唐辛子1種を使っても。
- しょう油…適量
- 米酢…適量（めやすは大サジ1杯位）

作り方

1 青唐辛子、万願寺唐辛子は小口切りにします。煮沸消毒した保存ビンに入れます。

2 1にしょう油をヒタヒタになるまで加え、さらに酢を加えます。1日おけば味わえますが、2〜3日おくと、より香りがよくなります。

※麺料理の味つけに使ったり、ごま油と混ぜてドレッシングにするのもおすすめです。

•蒸し豚の香菜添え（51頁）で使用します

四川ソース

冷蔵1カ月

花椒《ホワジャオ》が香りと清涼感を添える、ピリ辛ダレです。

材料（作りやすい分量）
- にんにく…少々（すりおろし）
- 花椒（ホール）…小サジ1杯
- 白炒りごま…大サジ2杯
- 粉唐辛子…小サジ1杯
- ラー油…小サジ$\frac{1}{2}$杯
- ごま油…大サジ2杯
- 酢…大サジ1杯
- しょう油…大サジ$1\frac{1}{2}$杯
- 塩…小サジ$\frac{1}{3}$杯

作り方

1 すり鉢に花椒を入れてすりつぶし、白炒りごまを加えてさらにすり混ぜます。ともに粗めの粉状になったら、粉唐辛子、にんにく、ラー油、フライパンで熱したごま油を加え、よくすり混ぜます。

2 1に酢、しょう油、塩を加え、よく混ぜて出来上がり。煮沸消毒した保存ビンに入れます。

•四川風キャロットラペ（71頁）で使用します

梅醤ドレッシング

冷蔵1カ月

梅干しじょう油にごま油がコクを加えます。

材料（作りやすい分量）
- 梅干し…3コ
- しょうが汁…小サジ2杯
- しょう油…大サジ4杯
- ごま油…大サジ1〜2杯

作り方

1 梅干しは種を取り、果肉を庖丁でたたいて細かくします。

2 1をボールに入れ、しょうが汁、しょう油を加えて混ぜ、さらにごま油を混ぜて出来上がり。煮沸消毒した保存ビンに入れます。

アンチョビドレッシング

冷蔵3週間

アンチョビのうま味が詰まった、上質なおいしさ。

材料（作りやすい分量）
- アンチョビ…40g
- にんにく…1/2片
- オリーブ油…大サジ3杯
- 白ワインビネガー…小サジ2杯
- 黒コショー…少々

作り方

1 アンチョビは庖丁でたたいて細かくします。にんにくはごく細かいみじん切りにします。

2 ボールに1を入れ、オリーブ油、ワインビネガー、黒コショーを加えてよく混ぜて出来上がり。煮沸消毒した保存ビンに入れます。

• 香味野菜と干物のサラダ（67頁）で使用します

• サラダ菜のアンチョビ風味（75頁）で使用します

瀬尾幸子さんのつながる献立

料理　瀬尾幸子
写真　福尾美雪
スタイリング　高橋みどり

たとえば、これくらいまとめて買うと、4日分の献立をつなげることができます。

買ってきた日に下ごしらえを済ませて、94頁からご紹介している豚うす切り肉の2献立、106頁からご紹介している生鮭の2献立、計4献立をまかないます。小松菜も下ごしらえして活用します。

1日目の下ごしらえ

＊ゆで豚（94頁）
＊ほぐし鮭（106頁）
＊ゆで小松菜（112頁）

1日目の献立（95頁）

- 豚肉ときのこのクリーム煮
- ブロッコリーとゆで玉子のサラダ
- キャベツとウインナーのスープ
- パン

下ごしらえした素材で

2日目の献立（107頁）

- 鮭フライ
- 小松菜とハムのオリーブ油炒め ＊
- 炒めきのこのみそ汁
- ご飯

下ごしらえした素材で

3日目の献立（96頁）

- 豚となすのしょうが焼き ＊
- きのこのピリ辛酢のもの
- 小松菜の豚汁 ＊＊
- ご飯

下ごしらえした素材で

4日目の献立（108頁）

- 鮭のみそ粕汁 ＊
- きゅうりと豚のポン酢和え ＊
- ゆかりご飯

おいしさを引き出す下ごしらえで、献立作りが楽に。

料理って、いかに素材の面倒をみるか、ということだと思います。素材の味をいかす方法で、おいしくゆでたり、炒めたりすれば、味つけは補う程度で充分です。だからわたしは、素材を買ってきたら、なるべく味をつけず、素材に合った方法で加熱して下ごしらえしておきます。そうすれば、おいしい状態のまま日持ちがして、料理に使うときの加熱時間も短くできます。また、味つけをさまざまに変化させられるので、いろいろな素材との組み合わせや調理法ができて、展開の幅が広がります。

ただし、下ごしらえが便利とはいえ、一度にたくさんの量や種類を仕込むと食べきれなくなってしまいます。一度に下ごしらえするのは、肉、魚、野菜をそれぞれ1〜2種類がちょうどよいと思います。また、作りおきでも、わたしは常備菜のような味つけしたおかずはあまり作りません。毎日同じ味のものを食べたくないからです。その代わり、いろいろな料理に活用できる「おかずの素」や「合わせ調味料」を作ります。

献立を考えるときは、まず冷蔵庫の中の食材を確認して、あるものをなるべく使うよう意識します。そして、主菜の肉や魚の種類を決め、そこにたっぷりの野菜を組み合わせるようにしています。副菜や汁ものには、下ごしらえしたものや作りおきを活用したり、主菜作りで余った素材で作れないかを考えます。たとえば、主菜で使った豚肉の余りをゆでておき、翌日は余り野菜と作りおきのタレで炒めて副菜に、翌々日はゆで汁ごと豚汁に活用できます。こうやって、副菜や汁もののための買い物を増やさなければ、それだけで冷蔵庫の中もすっきりします。

そうしてできるのは、お店で食べるような料理ではなく、「小松菜と豚肉のオイスターソース炒め」といった、いわば名もない料理。実はそんなものこそ、毎日無理なく作って食べ続けられる家庭料理だと思います。今回ご紹介するのは、手早くできて、便利で、おいしいからこそ、わたし自身も毎日作っているものばかり。レシピ通りに何度か作るうちに、素材の入れ替えをしたり、味つけを変えたりと、自分で料理が思いつくようになるはずです。

〈明日へつなげるヒント〉

◎展開しやすい形に下ごしらえ

炒めたひき肉や加熱した鮭は、細かくほぐしておくより、ある程度塊にしておくほうが、ボリュームのある具から、そぼろのような使い方までできます。また、味つけを最小限にしておけば、あとで味を足して変化をつけることができます。

◎肉や野菜の保存にゆで汁を活用

ゆでた肉は、ゆで汁に漬けて保存することで、肉がパサつかず最後までおいしくいただけます。ゆで汁はうま味を含んでいるので、汁ものや煮ものにも活用できます。ゆでた青菜は、しぼると傷みやすいので、しぼらずに保存します。

瀬尾幸子さんの献立素材

鶏もも肉

鶏もも肉3枚で2人分3献立の主菜または主食を作ります。初日は照り焼きにし、残りをゆでておきます。

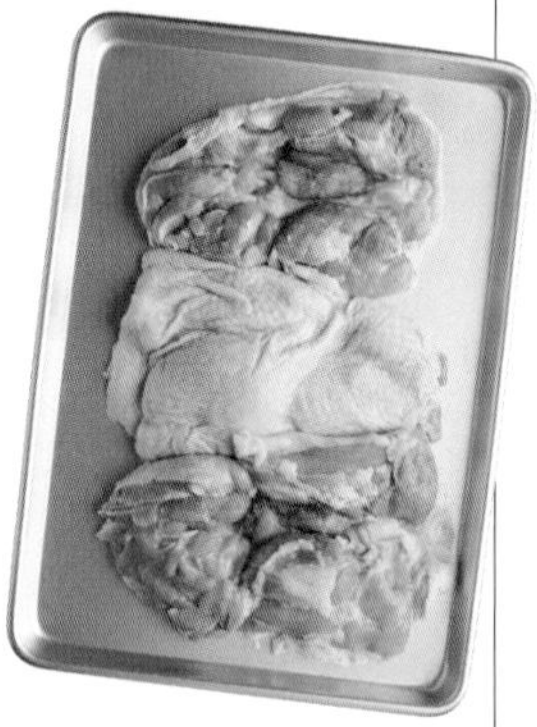

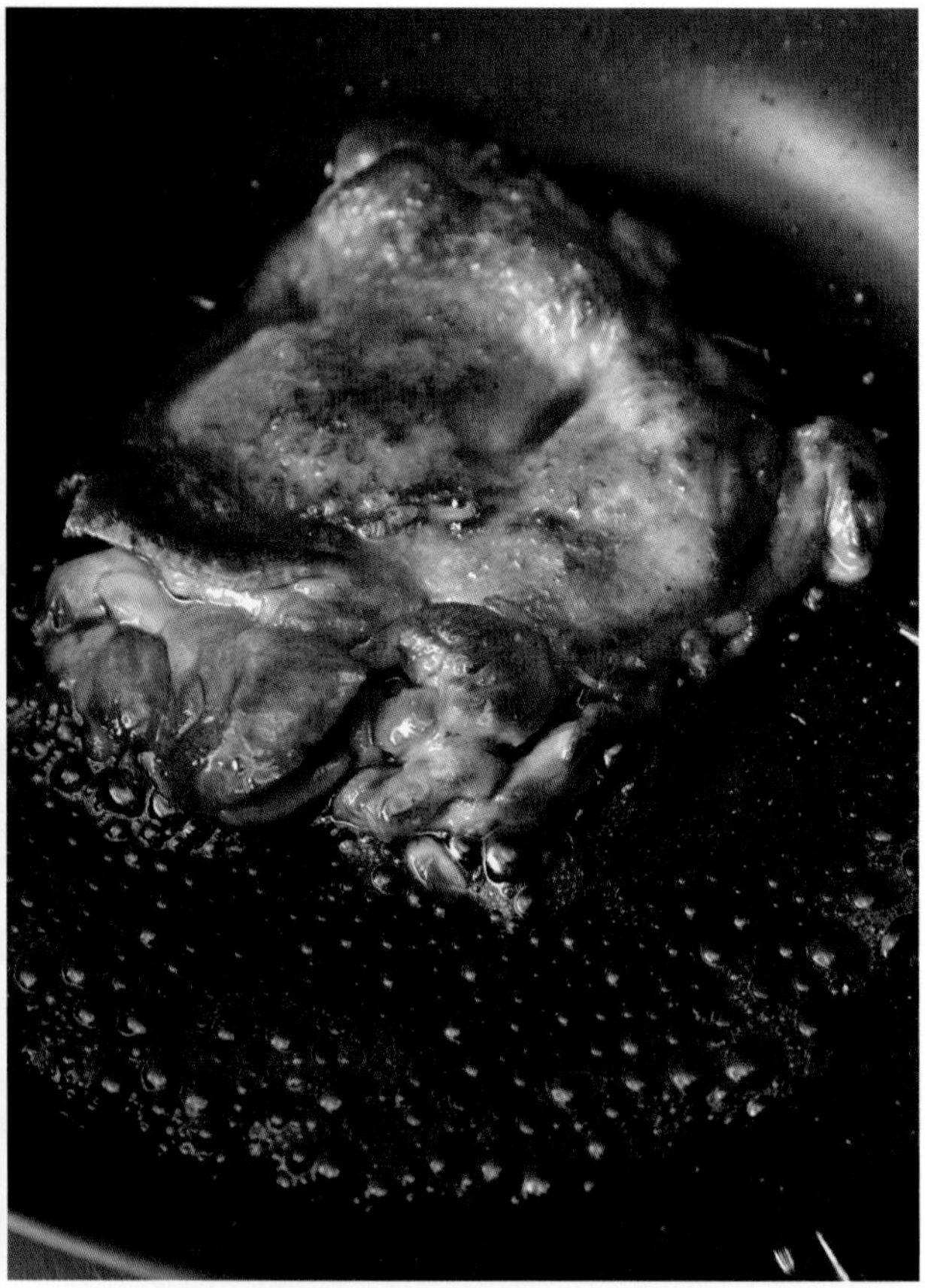

1日目は、すぐに食べておいしい料理に

鶏もも肉の照り焼き

〈献立は89頁〉

皮を香ばしく、パリッと焼くのがおいしさの秘けつです。皮から焼き始め、木の鍋ブタなどでぎゅっと押さえつけて焼くと、ムラなく短時間で香ばしい焼き色がつきます。皮から脂がたくさん出るので、キッチンペーパーで脂を拭き取ってから、仕上げにタレを加えてからめます。

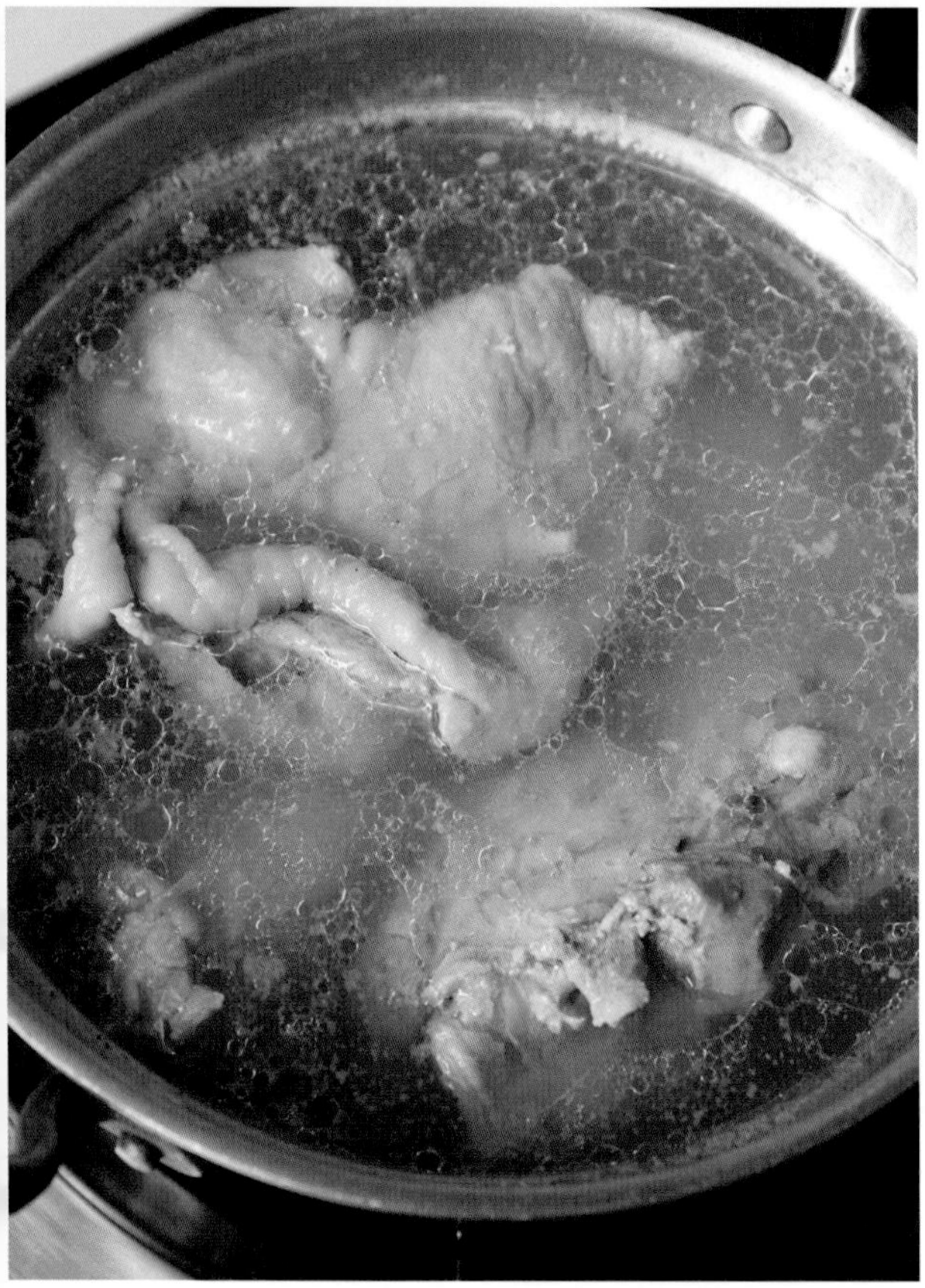

翌日以降のために下ごしらえをしておきます

ゆで鶏

冷蔵 4~7日

→ 鶏肉と椎茸の煮もの〈献立①は90頁〉
→ 親子丼〈献立②は92頁〉

塩を少し加えた湯でゆでておくと、鶏肉にうま味を残したまま火を通すことができ、煮ものや炒めものが短時間でできます。弱火で静かに煮ることで柔らかくゆで上がります。

材料（作りやすい分量）

- 鶏もも肉…２枚（500～600ｇ）
- 塩…小サジ1/3杯

作り方

鍋に鶏もも肉とかぶる位の水、塩を入れて強火にかけます。煮立ったらアクを取り、弱火で10～15分煮て火を止めます。そのまま冷まし、ゆで汁ごと保存容器に入れます。

主菜 鶏もも肉の照り焼き

パリッと香ばしい皮の焼き目に甘辛味がからみます。

材料（2人分）
- 鶏もも肉…1枚
- ししとう…10本

タレ
- みりん…大サジ$1\frac{1}{2}$杯
- しょう油…大サジ$1\frac{1}{2}$杯

作り方

1 鶏肉は、身側の中央に厚みの半分位まで庖丁を入れ、切れ目から左右に向かって、それぞれ切り離さないように庖丁を寝かせてそぎ切りにして開き、厚みを均一にします。ししとうのヘタは気になれば取ります。

2 フライパンを中火で熱し、鶏肉の皮を下にして入れます。フライパンの空いたところにししとうを入れて焼きます。木の鍋ブタなどで、肉としししとうをぎゅっと押しつけながら、鶏肉の皮がきつね色になるまで焼きます。肉を裏返して、菜箸がスッと通るようになるまで焼きます。

3 フライパンに出た脂をキッチンペーパーで拭き取り、強火にしてタレを入れ、煮立てます。肉にタレがからむまで煮詰めたら、取り出して食べやすい大きさに切ります。

副菜 薬味しょう油かけ冷奴

さわやかな薬味とかつおぶしで食欲がわきます。

材料（2人分）
- 豆腐（木綿、絹ごしどちらでも）…1丁
- 薬味しょう油（127頁）…適量
- かつおぶし…2g

作り方

1 豆腐はキッチンペーパーにのせて5分おき、軽く水気をきります。

2 豆腐を手でひと口大にちぎり、器に盛ります。かつおぶしを振りかけ、薬味しょう油をかけます。

汁もの 小松菜と油揚げのみそ汁

材料・作り方（2人分） 鍋に小松菜4株（ざく切り）、油揚げ$\frac{1}{2}$枚（短冊切り）、ダシカップ3杯を入れて中火で柔らかくなるまで煮ます。みそ大サジ3杯を溶き入れ、ひと煮します。

翌日以降の献立 ①
◎鶏肉と椎茸の煮もの
◎かぶのポン酢揉み
◎くずし豆腐のすまし汁
◎ご飯

下ごしらえした「ゆで鶏」(88頁)を使った主菜

主菜

鶏肉と椎茸の煮もの

うま味を含んだ鶏のゆで汁ごと活用します。

材料(2人分)
- ゆで鶏(88頁)…1枚
- 椎茸…大4枚(100g)
- にんじん…1本(100g)
- ゆで鶏のゆで汁(88頁)…カップ1杯
- 小松菜…2株

※ゆで小松菜(112頁)でも可。
- 塩…少々

調味料
- しょう油…大サジ2杯
- 砂糖…大サジ1杯

作り方

1 鶏肉は大きめのひと口大に切ります。椎茸は石突きを取り、2つ割りにします。にんじんは皮をむき、乱切りにします。

2 小松菜は塩を加えた熱湯でゆで、冷水にとって冷まします。水気を軽くしぼり、長さ3cmに切ります。

3 直径18cmの鍋に1、ゆで鶏のゆで汁、調味料を入れ、ヒタヒタになるまで水を足します。中火で煮立て、煮汁が鍋底から2cm位になるまで煮詰めます。火から下ろし、中身の上下を返して5分ほどおいて具に煮汁を吸わせます。

4 器に盛り、小松菜を添えます。

副菜

かぶのポン酢揉み

さっぱりしていて、たっぷり食べられます。

材料(2人分)
- かぶ…2コ
- かぶの葉と茎…3本
- ポン酢(126頁)…大サジ2杯

作り方

1 かぶは皮つきのままうすい半月切りにします。葉と茎は長さ5㎜に切ります。

2 ボールに1とポン酢を入れ、全体にしんなりするまで手でやさしく揉み、軽く汁気をしぼります。

汁もの

くずし豆腐のすまし汁

トロッと煮えたオクラがおいしい、さわやかな汁もの。

材料(2人分)
- 木綿豆腐…1/2丁
- オクラ…2本
- みょうが…1コ
- ダシ…カップ3杯
- うす口しょう油…小サジ2杯
- 塩…小サジ1/3杯

作り方

1 ヘタを取ったオクラとみょうがは、それぞれ小口切りにします。

2 鍋にダシと手でくずした豆腐を入れ、中火で煮立てます。うす口しょう油、塩、オクラを加えてひと煮し、火を止めてみょうがを加えます。

主菜

アレンジのヒント

煮ものの鶏肉に合わせるのは、なす、竹の子、れんこん、長いも、里いも、こんにゃくなどもおすすめです。ゆで鶏は大きめに切り、野菜は火が通りやすいよう小さめに切ることで、火の通りを均一にすることができます。

翌日以降の献立 ②
◎親子丼
◎小松菜と竹輪のごま和え
◎とろろ昆布の即席汁

下ごしらえした「ゆで鶏」（88頁）を使った主食

主食

親子丼

くったりと柔らかく煮た玉ねぎがおいしさの秘けつ。

材料（2〜3人分）
- ゆで鶏（88頁）…1枚
- 玉ねぎ…1コ
- 三つ葉…5本
- 玉子…3〜4コ　・ご飯…適量

煮汁
- ダシ（または水）…カップ1/2杯
- ゆで鶏のゆで汁（88頁）…カップ1/2杯
- しょう油…大サジ3杯
- 砂糖…大サジ1杯

※ダシの代わりに水を使っても、鶏のうま味がしっかりと出て、おいしく仕上がります。

作り方

1 鶏肉は2cm角に切ります。玉ねぎはうす切りに、三つ葉はざく切りにします。玉子はほぐします。

※玉子を4コ使い、玉子の黄味2コ分を残してほぐし、火を止めた後に残りの黄味を溶いてまわしかけると、黄味が半熟に仕上がりコクが出ます。

2 小鍋、または小さめのフライパンに煮汁、鶏肉、玉ねぎを入れて中火で煮立てます。玉ねぎが柔らかくなったら、溶き玉子をまんべんなく流し入れ、フタをして玉子を好みのかたさまで火を通して、三つ葉を散らし、火を止めます。

3 丼にご飯をよそい、2を煮汁ごとのせます。

副菜

小松菜と竹輪のごま和え

竹輪と甘めのごま衣で食べごたえを出します。

材料（2人分）
- 小松菜…6株

※ゆで小松菜（112頁）でも可。
- 竹輪…2本
- 塩…小サジ1杯

和え衣（混ぜ合わせておく）
- 白すりごま…大サジ3杯
- しょう油…大サジ2杯
- 砂糖…大サジ1杯

作り方

1 鍋に湯2ℓを沸かし、塩を加え、小松菜をゆで、冷水にとって冷まします。水気を軽くしぼり、長さ3cmに切ります。竹輪はタテ4つ割りにしてから長さ3cmに切ります。

2 ボールにすべての材料を入れて和えます。

汁もの

とろろ昆布の即席汁

乾物を使ってすぐにできる、ダシいらずの汁です。

材料（2人分）
- とろろ昆布…適量
- かつおぶし…2g
- 梅干し…1コ
- 三つ葉…2本（ざく切り）
- しょう油…小サジ2杯

作り方

1 梅干しは種を取り、適当な大きさにちぎります。

2 2つのお椀にとろろ昆布、かつおぶし、三つ葉、梅干し、しょう油を半量ずつ入れ、熱湯を注ぎます。味をみて、足りなければしょう油（分量外）で味をととのえます。

主食

アレンジのヒント

丼は、鶏肉の代わりに、豚うす切り肉や厚揚げで作ってもおいしくいただけます。鶏肉を入れずに揚げ玉を入れてもコクのある丼になります。玉ねぎの代わりに長ねぎ、三つ葉の代わりに細ねぎを加えても結構です。

瀬尾幸子さんの献立素材
豚うす切り肉

豚うす切り肉５００ｇで２人分３献立の主菜を作ります。
初日はクリーム煮にし、残りをゆでておきます。

１日目は、すぐに食べておいしい料理に

豚肉ときのこのクリーム煮

〈献立は95頁〉

生の豚肉に薄力粉をうすくつけてから焼くことで、うま味を逃がさず、肉がかたくならずに、香ばしく焼くことができます。また、生クリームを加えて煮ると、薄力粉でほどよいトロミがつきます。

翌日以降のために下ごしらえをしておきます

ゆで豚

冷蔵 4~7日

→ 豚となすのしょうが焼き〈献立①は96頁〉
→ 回鍋肉〈献立②は98頁〉

ゆでた豚肉は炒めものにも使えます。うす切り肉は、短時間で火が通る便利な食材。肩ロースなど適度に脂がある部位がおすすめです。

材料（作りやすい分量）

- 豚うす切り肉…20枚（350ｇ）
- 塩…少々

作り方

鍋に湯カップ２杯を沸かし、塩を加えて静かに煮立つ位の火加減にします。肉の半量を一度に入れて、弱火のままゆでます。肉の色が変わったらすぐに取り出し、残りも同様にゆでます。保存容器に入れ、ゆで汁を注ぎ、冷まします。

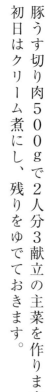

1日目の献立
◎豚肉ときのこのクリーム煮
◎ブロッコリーとゆで玉子のサラダ
◎キャベツとウインナーのスープ
◎パン

主菜 豚肉ときのこのクリーム煮

濃厚な味わいで、本格的な洋食風のおかず。

材料（2人分）
•豚うす切り肉…8枚（150g）•しめじ…1パック（ほぐす）•玉ねぎ…$\frac{1}{2}$コ（うす切り）•生クリーム…カップ$\frac{1}{2}$杯 •バター…大サジ1杯 •薄力粉…大サジ1杯 •固形スープの素…$\frac{1}{2}$コ •塩、コショー…各少々 •パセリ…適宜（みじん切り）

作り方
1 豚肉は幅4cm位に切り、塩、コショー、薄力粉の順にまぶします。
2 フライパンにバターを中火で溶かし、玉ねぎをうすい茶色になるまで炒めます。玉ねぎをフライパンの片側に寄せ、空いたところで豚肉を軽く焼き目がつくまで炒めます。
3 しめじを加え、全体を混ぜながら、しめじがしんなりするまで炒めます。固形スープの素をくずして加え、生クリームを加えて煮立て、塩・コショーで味をととのえます。
4 器に盛り、パセリを散らします。

汁もの キャベツとウインナーのスープ

野菜をじっくり炒めてうま味を引き出します。

材料（2人分）
•キャベツ…3枚（2cm角に切る）•玉ねぎ…$\frac{1}{4}$コ（2cm角に切る）•ウインナーソーセージ…2本（斜めうす切り）•にんにく…1片（みじん切り）•固形スープの素…1コ •塩、コショー…各少々 •オリーブ油…大サジ1杯 •水…カップ3杯

作り方
鍋にオリーブ油を中火で熱し、野菜とソーセージを弱めの中火で焦がさないように3分ほど炒めます。水、固形スープの素を加えて煮立てます。アクが出たら取り、弱火で8分ほど煮て、塩・コショーで味をととのえます。

副菜 ブロッコリーとゆで玉子のサラダ

材料・作り方（2人分） ボールにゆでたブロッコリー$\frac{1}{2}$株（小房に分ける）、ゆで玉子2コ（粗く刻む）、玉ねぎマヨネーズ（126頁）大サジ4杯を入れて全体を混ぜ、塩、黒コショーで味をととのえます。

翌日以降の献立 ①
◎豚となすのしょうが焼き
◎きのこのピリ辛酢のもの
◎小松菜の豚汁
◎ご飯

下ごしらえした「ゆで豚」(94頁)を使った主菜

【主菜】豚となすのしょうが焼き

野菜もたっぷりとれるしょうが焼きです。

材料(2人分)
- ゆで豚(94頁)…8枚
- なす…2本
- 薄力粉…大サジ1杯
- サラダ油(またはごま油)…大サジ2杯

調味料(混ぜ合わせておく)
- しょうが…小サジ1 1/2杯(すりおろし)
- しょう油…大サジ1 1/3杯
- 日本酒…大サジ1杯

作り方

1 豚肉は幅3cmに切り、キッチンペーパーで水気を取り、薄力粉をまぶします。なすはヘタを取り、タテ半分に切ってから、厚さ5mmの斜めうす切りにします。

2 フライパンにサラダ油を強火で熱し、なすを炒め、温まったら中火にして、上下を返しながら充分柔らかくなるまでじっくり炒めます。

※なすが油を吸っても炒め続けると、なすから油と水分が出てくるので、油を足さずに炒め続けましょう。

3 なすが柔らかくなったら、フライパンの片側に寄せ、空いたところで豚肉を炒めます。肉の粉っぽさがなくなったら全体を混ぜて強火にします。調味料を加え、水気がなくなるまで炒めます。

【副菜】きのこのピリ辛酢のもの

作りおきを活用して手早くできる和えものです。

材料(2人分)
- 炒めきのこ(124頁)…150g
- 細ねぎ…2本

調味料(混ぜ合わせておく)
- 甘酢(125頁)…大サジ4杯
- ラー油…小サジ1/2杯
- ごま油…小サジ1杯
- 黒コショー(好みで)…少々

作り方

1 細ねぎは長さ3cmに切ります。

2 ボールに炒めきのこと細ねぎを入れて混ぜ、調味料で和えます。

【汁もの】小松菜の豚汁

ゆで豚のゆで汁のうま味を生かします。

材料(2人分)
- ゆで豚(94頁)…4枚
- 小松菜…4株

※ゆで小松菜(112頁)でも可。
- ゆで豚のゆで汁(94頁)…カップ1杯
- ダシ…カップ2杯
- みそ…大サジ3杯

作り方

1 ゆで豚は幅4cmに切ります。小松菜は根元を切り落とし、長さ4cmに切ります。

2 鍋にゆで豚のゆで汁、ダシを入れて中火で煮立てます。1を加え、小松菜が好みの柔らかさになるまで煮ます。みそを溶き入れ、ひと煮立ちさせて火を止めます。

【主菜】【副菜】【汁もの】アレンジのヒント

主菜は、なすの代わりに、ゆでたさやいんげん、もやし、きのこ類、長ねぎも合います。副菜は、ラー油を抜いて、しょうがのすりおろしと柚子こしょうを加えてもよいでしょう。汁にはもやし、にんじん、豆腐、厚揚げなどを加えて具だくさんにしても結構です。

翌日以降の献立 ②
◎回鍋肉
◎タコと玉ねぎの酢のもの
◎春雨と細ねぎのスープ
◎ご飯

下ごしらえした「ゆで豚」（94頁）を使った主菜

主菜　回鍋肉《ホイコーロー》

甘いみそ味と、にんにくの風味に食欲がわきます。

材料（2人分）
- ゆで豚（94頁）…8枚
- キャベツ…$\frac{1}{4}$コ（300g）
- 長ねぎ…$\frac{1}{2}$本
- にんにく…1片（うす切り）
- 唐辛子…少々（輪切り）
- ごま油…大サジ$1\frac{1}{2}$杯
- コショー…少々

調味料（混ぜ合わせておく）
- 赤みそ…大サジ$2\frac{1}{2}$杯
- みりん…大サジ$2\frac{1}{2}$杯

作り方

1　豚肉は幅4cmに切ります。キャベツは3cm角に切ります。長ねぎは斜めうす切りにします。

2　フライパンにごま油を中火で熱し、キャベツ、長ねぎ、にんにくを焦がさないように3分ほど炒めます。

3　野菜をフライパンの片側に寄せ、空いたところで豚肉、唐辛子を炒めます。全体を混ぜ、強火にします。調味料を加え、全体にからめて、コショーを振ります。

副菜　タコと玉ねぎの酢のもの

香菜入りの、さっぱりとした中華風の和えもの。

材料（2人分）
- ゆでタコ…足2本（70g）
- 玉ねぎの甘酢漬け（125頁）…70g
- 香菜…2本
- ごま油…小サジ1杯
- しょう油…小サジ1杯
- 塩、コショー…各少々

作り方

1　ゆでタコはひと口大に切ります。香菜はざく切りにします。

2　ボールにすべての材料を入れて混ぜ、器に盛ります。

汁もの　春雨と細ねぎのスープ

春雨と玉子を具にしたボリュームのある汁もの。

材料（2人分）
- 春雨…10g
- 細ねぎ…4本
- 玉子…1コ
- 水…カップ$2\frac{1}{2}$杯

調味料
- 顆粒鶏ガラスープの素…小サジ1杯
- しょう油…小サジ1杯
- 塩…小サジ$\frac{1}{3}$杯
- コショー…少々

※スープの素と水の代わりにゆで鶏やゆで豚のゆで汁（88、94頁）を使っても結構です。

作り方

1　春雨は商品の表示通りにゆでて、ザルに上げてゆで汁をきり、食べやすい長さに切ります。細ねぎは長さ3cmに切ります。

2　鍋に水と調味料を入れて中火で煮立て、1を加えます。煮立ったら火を強め、溶き玉子を少しずつ流し入れ、火を止めます。

主菜　副菜

アレンジのヒント

主菜になすを加えても結構です。副菜は、タコの代わりに、ゆでたエビ、イカ、ゆで鶏（88頁）を小さく切ったものも合います。玉ねぎの甘酢漬けは、アジの唐揚げにかけて南蛮漬け風にしたりと、揚げものとの相性もよいです。

瀬尾幸子さんの献立素材

合いびき肉

合いびき肉500ｇで2人分3献立の主菜を作ります。初日はハンバーグにし、残りを炒めておきます。

1日目は、すぐに食べておいしい料理に

豆腐入りハンバーグ

〈献立は101頁〉

ひき肉は、肉をつぶすように、白っぽくなるまでよく練るのがポイントです。そうすることで、肉汁をとじこめることができます。また、玉ねぎを炒めずに生のまま加えてシャキッとした食感を残します。小ぶりに成形して焼くと、火が通りやすくなります。中央がふっくらと盛り上がり、竹串を刺して澄んだ汁が出たら焼き上がりです。

翌日以降のために下ごしらえをしておきます

炒めひき肉

冷蔵 4~7日

→ 麻婆豆腐〈献立①は102頁〉
→ ミートソースグラタン〈献立②は104頁〉

炒めるときにあまり細かくほぐしすぎないのがポイントです。食べるときに箸でつまみやすく、食べごたえも出ます。

材料（作りやすい分量）

- 合いびき肉…300ｇ
- サラダ油…小サジ１杯

作り方

フライパンにサラダ油を中火で熱し、ひき肉を入れます。あまり細かくほぐさないようにしながら炒めます。焼き色がついて、全体に火が通ったら火を止めます。冷ましてから、肉と出た脂少々を保存容器に入れます。

1日目の献立
◎豆腐入りハンバーグ
◎カレーピクルス（125頁）
◎ほうれん草のサラダ
◎じゃがいもの田舎ポタージュ
◎ご飯

主菜 豆腐入りハンバーグ

つなぎに豆腐を使ったヘルシーなハンバーグです。

材料（2人分）
- 木綿豆腐…1/4丁
- A
  - 合いびき肉…200g
  - 玉ねぎ…1/4コ（みじん切り）
  - 薄力粉…大サジ1杯
  - 塩、コショー…各少々
- 大根おろし、ポン酢（126頁）…各適量　• サラダ油…小サジ2杯

作り方

1　豆腐はキッチンペーパーにのせて5分おき、軽く水気をきります。ボールにAと豆腐を入れて、肉が白っぽくなるまで練ります。タネを4等分し、円盤形にまとめます。

2　フライパンにサラダ油を中火で熱し、1を並べ入れます。香ばしい焼き色がついたら裏返し、火を弱め、フタをします。2分ほど焼き、中央が膨らんだら焼き上がりです。

3　器に盛り、水気をきった大根おろしをのせ、ポン酢をかけます。

汁もの じゃがいもの田舎ポタージュ

粗くつぶしたじゃがいもが食べごたえのあるスープ。

材料（2人分）
- じゃがいも…小2コ（厚さ5㎜のいちょう切り）　• 玉ねぎ…1/4コ（みじん切り）　• バター…大サジ1杯
- 固形スープの素…1/2コ　• 水…カップ2杯　• 生クリーム…カップ1/4〜1/2杯（好みで調整）　• 塩…小サジ1/4杯　• コショー…少々
- パセリ…適宜（みじん切り）

作り方

鍋にバターを中火で溶かし、玉ねぎを透き通って柔らかくなるまで炒めます。じゃがいも、水、スープの素を入れて、沸いたら弱火にして煮ます。じゃがいもが柔らかくなったら木べラで粗くつぶし、生クリーム、塩・コショーを加えて火を止めます。器に注ぎ、パセリを散らします。

副菜 ほうれん草のサラダ

材料・作り方（2人分）　サラダほうれん草50g（ざく切り）、ハム2枚（短冊切り）、サニーレタス2枚（ちぎる）をボールに入れ、ポン酢（126頁）大サジ2杯、オリーブ油大サジ1杯、七味唐辛子（またはコショー）を好みで加えて和えます。

翌日以降の献立 ①「炒めひき肉」を使って

翌日以降の献立 ①
◎麻婆豆腐
◎カリフラワーのサラダ
◎炒めきのこの中華風スープ
◎ご飯

下ごしらえした「炒めひき肉」（100頁）を使った主菜

主菜 麻婆豆腐

豆腐を下ゆでし、ふるふるとした食感に仕上げます。

材料（2人分）
- 炒めひき肉（100頁）…100g
- 木綿豆腐…1丁
- 長ねぎ…½本
- にんにく…1片
- しょうが…大サジ2杯（みじん切り）
- 豆板醤（好みで）…小サジ1～2杯
- オイスターソース…大サジ1杯
- しょう油…大サジ2杯
- ごま油…大サジ1杯
- 水…カップ1杯

水溶き片栗粉（混ぜ合わせておく）
- 片栗粉…大サジ1杯
- 水…大サジ2杯

作り方

1 豆腐は2㎝角に切って鍋に入れ、かぶる位の水を入れて中火にかけます。煮立ったら火を止めます。

※煮立ってから長く煮ると、豆腐に「す」が立って食感が悪くなってしまうので注意。

2 長ねぎは粗みじん切りに、にんにくはみじん切りにします。

3 フライパンにごま油を中火で熱し、ひき肉を入れてほぐさないように軽く炒めます。2、しょうがを加え、香りが立ったら豆板醤を入れて軽く炒めます。

4 オイスターソース、しょう油、水を加えて煮立てます。ゆで汁をきった豆腐を加え、水溶き片栗粉を加えてトロミをつけ、豆腐をくずさないように全体を混ぜ、ひと煮します。

副菜 カリフラワーのサラダ

ポン酢とマヨネーズを合わせた絶妙な酸味です。

材料（2人分）
- カリフラワー…½株
- にんじん…3㎝（せん切り）
- 塩…小サジ½杯

ドレッシング（混ぜ合わせておく）
- ポン酢（126頁）…大サジ1½杯
- マヨネーズ…大サジ1杯
- 白すりごま…大サジ3杯

作り方

1 カリフラワーはひと口大の小房に切り分けます。

2 鍋に湯1ℓを沸かし、塩を加え、カリフラワーを柔らかめにゆでます。カリフラワーがゆで上がる1分ほど前ににんじんを加えてゆでます。ザルに上げて冷まします。

3 ボールにすべての材料を入れて和えます。

汁もの 炒めきのこの中華風スープ

ごま油が香る、さっぱりとした汁ものです。

材料（2人分）
- 炒めきのこ（124頁）…100g
- 細ねぎ…3本
- 水…カップ2½杯

調味料
- 顆粒鶏ガラスープの素…小サジ1杯 ・塩…小サジ½杯 ・コショー…少々 ・しょう油…小サジ1杯 ・ごま油…小サジ1杯

作り方

1 細ねぎは長さ2㎝に切ります。

2 鍋に炒めきのこ、水、調味料を入れて中火で煮立てます。2分ほど煮て、細ねぎを加え、味をみて、塩（分量外）で味をととのえます。

3 器に注ぎ、好みで黒コショー、酢各適量（分量外）を加えていただきます。

翌日以降の献立 ②
◎ミートソースグラタン
◎グレープフルーツとキャベツのサラダ
◎豆乳カレースープ　◎パン

下ごしらえした「炒めひき肉」（100頁）を使った主菜

主菜 ミートソースグラタン

中濃ソースが隠し味の、手早くできるミートソース。

材料（2〜3人分）
- じゃがいも…2コ
- ピザ用チーズ…適量

ミートソース（作りやすい分量）
- 炒めひき肉（100頁）…200g
- 玉ねぎ…$\frac{1}{2}$コ（みじん切り）
- にんじん…5cm（みじん切り）
- セロリの茎…5cm（みじん切り）
- トマト水煮缶（角切り）…1缶（約400g）
- バター…大サジ1杯
- 薄力粉…大サジ1杯

調味料
- 固形スープの素…1コ ・砂糖…小サジ1杯 ・ローリエ…1枚 ・中濃ソース…大サジ2杯 ・塩…小サジ$\frac{2}{3}$杯 ・コショー…少々

作り方

1 ミートソースを作ります。鍋にひき肉、バターを入れて中火で軽く炒めます。玉ねぎ、にんじん、セロリを加え、玉ねぎがやや色づくまで炒めます。トマト水煮、調味料を加えて煮立て、弱火で7分ほど煮ます。

2 煮初めの$\frac{2}{3}$位の量に煮詰まったら、薄力粉を茶漉しで振り入れ、全体に混ぜます。焦げないように注意しながら、ほどよいトロミがつくまで煮詰め、塩・コショー（分量外）で味をととのえます。

3 じゃがいもを洗い、ぬれたままラップに包み、電子レンジで5〜6分加熱します。熱いうちに手で皮をむいて、フォークで粗くつぶします。

4 耐熱皿にバター（分量外）を塗り、3をしき、ミートソースの半量をのせます。チーズをのせ、オーブントースター（または200〜230℃に予熱した電気オーブン）でチーズに焼き目がつくまで焼きます。

※ミートソースは冷凍1カ月保存可。

副菜 グレープフルーツとキャベツのサラダ

シンプルでフルーティーなサラダです。

材料（2人分）
- グレープフルーツ…1コ
- キャベツ…2〜3枚（200g）
- 塩…小サジ$\frac{2}{3}$杯
- コショー…少々
- オリーブ油…大サジ1杯

作り方

1 キャベツは幅1cmの短冊切りにし、塩を振ってしんなりするまで揉み、軽く水気をしぼります。グレープフルーツは皮とうす皮をむき、果肉を粗くほぐします。

2 ボールに1を入れて混ぜ、コショー、オリーブ油を加えて和えます。

汁もの 豆乳カレースープ

豆乳のまろやかさにトマトの酸味がアクセント。

材料（2人分）
- トマト…1コ（ひと口大のクシ型切り）
- 玉ねぎ…$\frac{1}{4}$コ（うす切り）
- 豆乳（成分無調整）…カップ1杯
- バター…小サジ2杯
- カレー粉…小サジ$1\frac{1}{2}$杯
- 固形スープの素…1コ
- 塩、コショー…各少々
- 水…カップ$1\frac{1}{2}$杯

作り方

1 鍋にバター、玉ねぎを入れて中火に熱し、玉ねぎが透き通るまで炒めます。水、固形スープの素、カレー粉を入れて煮立てます。

2 玉ねぎが柔らかくなったらトマトを入れてひと煮します。豆乳を加え、塩・コショーで味をつけます。

※好みでしょう油少々（分量外）を加えても結構です。

瀬尾幸子さんの献立素材

生鮭

生鮭の切り身6切れで2人分3献立の主菜を作ります。初日はフライにし、残りを電子レンジで加熱してほぐしておきます。

1日目は、すぐに食べておいしい料理に

鮭フライ

〈献立は107頁〉

鮭の切り身を3～4等分に切っておくと、火が通りやすく、揚げやすくなります。つなぎには、玉子の代わりに天ぷら粉を使えば、鮭の水分が逃げずジューシーに、衣がカリッと揚がります。

翌日以降のために下ごしらえをしておきます

ほぐし鮭

冷蔵 4~7日

→ 鮭のみそ粕汁〈献立①は108頁〉
→ 鮭とパプリカの甘酢炒め〈献立②は110頁〉

自家製の鮭の水煮のようなイメージです。あまり細かくほぐしすぎないほうが、展開の応用が利きます。

材料（作りやすい分量）

• 生鮭… 4切れ

作り方

鮭に好みで日本酒（または水）大サジ1杯を振り、耐熱容器に入れてラップをし、電子レンジで1分～1分30秒加熱します。粗熱が取れたら、骨と皮を取り、冷めたら3㎝角位にざっくりとほぐします。

※空気穴のある密閉耐熱容器に入れて、空気穴を開けてからフタをして加熱すると、全体に均一に火が通ります。

1日目の献立
◎鮭フライ
◎小松菜とハムのオリーブ油炒め
◎炒めきのこのみそ汁
◎ご飯

主菜 鮭フライ

玉ねぎマヨネーズを添えて、さっぱりといただきます。

材料（2人分）
- 生鮭…2切れ
- キャベツ…2枚（せん切り）
- 青じそ…4枚（せん切り）
- レモン…1/4コ（クシ形切り）
- 玉ねぎマヨネーズ（126頁）、パン粉、中濃ソース、揚げ油…各適量
- 塩、コショー…各少々

A（混ぜ合わせておく）
- 市販の天ぷら粉…大サジ2杯
- 水…大サジ2杯

作り方

1 キャベツと青じそを混ぜてさっと水にくぐらせ、水気をきります。
2 鮭はひと切れを3〜4等分に切り分け、塩・コショーをまぶします。
3 2をAにくぐらせてからめ、パン粉をつけます。
4 揚げ油を170〜180℃に熱し、3をきつね色になって浮かんでくるまで揚げます。
5 器に1と4を盛り合わせ、中濃ソース、玉ねぎマヨネーズをかけ、レモンを添えます。

副菜 小松菜とハムのオリーブ油炒め

洋風おひたしのようなシンプルな炒めもの。

材料（2人分）
- 小松菜…6株（長さ4cmに切る）

※ゆで小松菜（112頁）でも可。
- ハム…3枚（短冊切り）
- しょう油…小サジ1杯
- 塩、コショー…各少々
- オリーブ油…大サジ1杯

作り方

フライパンにオリーブ油を中火で熱し、小松菜をしんなりするまで2分ほど炒めます。小松菜が柔らかくなったら、塩・コショー、しょう油を加えます。ハムを加え、ひと混ぜします。

汁もの 炒めきのこのみそ汁

材料・作り方（2人分） 鍋に炒めきのこ（124頁）100g、ダシカップ3杯を入れて中火で煮立て、みそ大サジ3杯を溶き入れます。ひと煮して、細ねぎ2本（長さ1cmに切る）を加えます。

翌日以降の献立①「ほぐし鮭」を使って

翌日以降の献立 ①
◎鮭のみそ粕汁
◎きゅうりと豚のポン酢和え
◎ゆかりご飯

下ごしらえした「ほぐし鮭」(106頁)を使った主菜

主菜

鮭のみそ粕汁

みそを加えて食べやすい、具だくさんの粕汁です。

材料(2人分)

- ほぐし鮭(106頁)…2切れ分
- 長いも…10㎝(200g)
- 大根…5㎝(150g)
- 長ねぎ…1/2本
- ダシ…カップ3杯
- みそ…大サジ2杯
- 酒粕、日本酒…各適量
- 塩…小サジ1/2杯

作り方

1 長いもは皮をむき、ひと口大に切ります。大根は皮をむき、長いもより少し小さめに切ります。長ねぎは斜めに幅1㎝に切ります。

2 「酒粕酒《さけかすさけ》」を作ります。ボールに酒粕を入れ、日本酒を少しずつ加えては練り混ぜ、みそ位の柔らかさにします。

※酒粕酒は多めに作っておけば、保存容器に入れて冷蔵保存で1年以上持ちます。使い方は左下の「アレンジのヒント」参照。

3 鍋にダシ、1、鮭を入れて中火にかけ、具に火が通ったら、塩、酒粕酒大サジ4杯を入れてほのかにトロミがつくまで煮ます。みそを溶き入れてひと煮します。

副菜

きゅうりと豚のポン酢和え

ポン酢にごまを加えてコクを出します。

材料(2人分)

- 豚うす切り肉…6枚

※ゆで豚(94頁)でも可。

- きゅうり…2本
- 白すりごま…大サジ3杯
- ポン酢(126頁)…大サジ3杯
- 塩…小サジ1/2杯

作り方

1 きゅうりはうすい輪切りにし、塩を振ってしんなりするまでおいて、水気をしぼります。

2 鍋に湯を沸かし、豚肉をさっとゆでて火を通し、水気をきって、ひと口大にちぎります。

3 1、2をボールに入れ、ごま、ポン酢を加えて和えます。

主菜 副菜

アレンジのヒント

粕汁は、野菜をかぼちゃにして、酒粕と日本酒の代わりに豆乳を使って「ほうとう風」にしてもよいでしょう。「酒粕酒」(主菜の手順2)に、みそ、またはしょう油を少し加えて混ぜ、魚の切り身にまぶして冷蔵庫で一晩おき、オーブントースターで焼くと、粕漬け焼きができます。ポン酢和えは、豚肉の代わりにゆで鶏(88頁)、竹輪、さつま揚げ、チャーシューなどでも結構です。

翌日以降の献立 ②
◎鮭とパプリカの甘酢炒め
◎鶏とワカメの
　薬味しょう油和え
◎ニラ玉汁　◎ご飯

下ごしらえした「ほぐし鮭」（106頁）を使った主菜

主菜 鮭とパプリカの甘酢炒め

鮭と甘味のある野菜を合わせた、さわやかな炒めもの。

材料（2人分）

- ほぐし鮭（106頁）…2切れ分
- パプリカ…1コ
- 玉ねぎ…小1コ（170g）
- 薄力粉…大サジ1杯
- ごま油…大サジ$1\frac{1}{2}$杯
- 黒コショー…適量

A（混ぜ合わせておく）

- 甘酢（125頁）…カップ$\frac{1}{2}$杯
- 片栗粉…小サジ$1\frac{1}{2}$杯

作り方

1 鮭はキッチンペーパーで水気を取り、薄力粉を振りかけます。パプリカはヘタと種を取り、幅1.5cmに切って長さ半分に切ります。玉ねぎは幅1cmのクシ形に切ってほぐします。

2 フライパンにごま油を中火で熱し、玉ねぎ、パプリカをしんなりするまで炒めます。フライパンの片側に寄せ、空いたところに鮭を入れ、鮭をくずさないように注意しながら、焼き目がつくまで焼きます。

3 全体を混ぜ合わせて強火にし、Aを加え煮立てます。ほどよいトロミがつくまで1分ほど煮詰めます。

4 器に盛り、黒コショーを振りかけます。

主菜

アレンジのヒント

主菜は、鮭の代わりにゆで鶏（88頁）にしたり、野菜を長ねぎ、きのこにしても結構です。甘酢炒めは、甘い風味の野菜とよく合います。また、味つけを回鍋肉（99頁）と同様にしてもよいでしょう。その際、にんにくを加えなければ和風になります。

副菜 鶏とマヨネーズの薬味しょう油和え

鶏肉とマヨネーズを使った食べごたえのある副菜。

材料（2人分）

- 鶏もも肉…$\frac{1}{2}$枚

※ゆで鶏（88頁）でも可。

- 塩蔵ワカメ…20g

※乾燥ワカメ7gでも可。

- マヨネーズ…大サジ1杯
- 薬味しょう油（127頁）の薬味…大サジ4杯
- 薬味しょう油（127頁）のしょう油…大サジ1杯

作り方

1 ワカメは商品の表示通りに水でもどし、ざく切りにします。鶏肉は耐熱皿にのせ、ラップをかけ、電子レンジで1分30秒～2分加熱します。冷めたら食べやすい大きさに切ります。

2 1を器に盛り、全体にマヨネーズをかけ、薬味しょう油をかけます。

汁もの ニラ玉汁

玉子は好みで、溶いて加えても結構です。

材料（2人分）

- ニラ…1束
- 玉子…2コ
- ダシ…カップ3杯
- みそ…大サジ3杯

作り方

1 ニラは長さ4cmに切ります。

2 鍋にダシ、ニラを入れて煮立て、煮立ったら強火にして玉子を落とし入れ、沸いたら中火にします。玉子が好みのかたさまで火が通ったら（半熟は約3分）、みそを溶き入れます。

瀬尾幸子さんの献立素材

小松菜

小松菜3束で2人分3献立の主菜を作ります。初日はそのまま炒め、残りをゆでておきます。

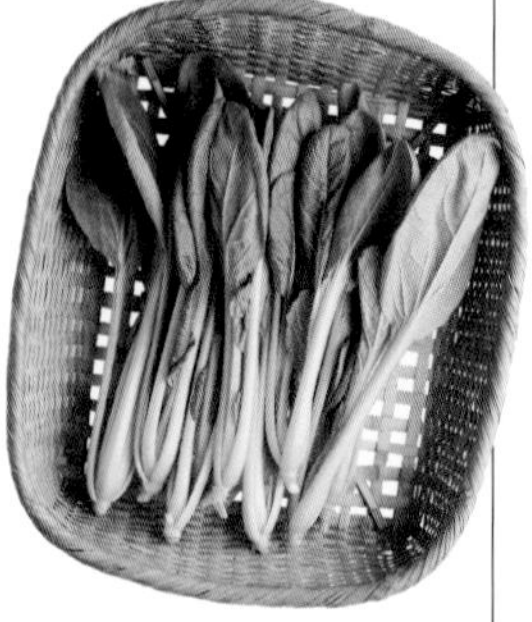

1日目は、すぐに食べておいしい料理に

小松菜とエビの塩炒め

〈献立は113頁〉

小松菜を切ったら茎と葉に分け、茎から炒め始めます。焦がさないように、中火でじっくりと炒めます。生から炒めるときは、火が通りにくいので、途中で水分を加えて、ゆでるようにして炒めます。

翌日以降のために下ごしらえをしておきます

ゆで小松菜

冷蔵 4~7日

→ 小松菜と玉子のチャンプルー
〈献立①は114頁〉
→ 小松菜と豚肉のオイスターソース炒め
〈献立②は116頁〉

小松菜に限らず、季節の青菜を使っても結構です。しぼると傷みやすくなるので、ゆでたら水気をしぼらずに保存します。使うときも、しぼりすぎずに、適度に水分を残すと食感よく仕上がります。

材料（作りやすい分量）

• 小松菜…２束　• 塩…小サジ２杯

作り方

1　小松菜は根元を水につけて、泥をふやかしてから流水で洗います。

2　大きめの鍋に湯４ℓを沸かし、塩を加え、小松菜の根元から湯に入れます。手で葉を持ちながら、自然に茎が曲がるまで火を通したら、全体を入れます。柔らかくなるまで２分位ゆでます。

3　冷水につけて粗熱を取ります。根元を水の中でそろえて引き上げます。水気をきらずに保存容器に入れます。

主菜 小松菜とエビの塩炒め

しょうがを効かせた、さわやかな塩味です。

材料（2人分）
•小松菜…1束（長さ4cmに切る）
•エビ…小8尾 •長ねぎ…$\frac{1}{2}$本
•しょうが…8枚（うす切り）•唐辛子…少々（輪切り）•薄力粉…大サジ1杯 •ごま油…大サジ$1\frac{1}{2}$杯
A［•顆粒鶏ガラスープの素…小サジ$\frac{1}{4}$杯 •塩…小サジ$\frac{2}{3}$杯 •コショー…少々 •水…大サジ2杯］

作り方
1 エビはカラと尾をむき、背ワタを取って軽く塩・コショー（分量外）を振り、薄力粉をまぶします。しょうがはせん切りに、長ねぎは斜めうす切りにします。
2 フライパンにごま油を中火で熱し、しょうが、唐辛子を入れてさっと炒め、小松菜の茎と長ねぎを入れてしんなりするまで炒めます。葉を加えて炒め、フライパンの片側に具を寄せ、空いたところにエビを入れて、色が変わるまで炒めます。全体を混ぜ合わせて強火にし、Aを加え、汁気がなくなるまで炒めます。

副菜 椎茸のひき肉詰め焼き

バターのコクを効かせた満足感のある副菜です。

材料（2人分）
•椎茸…6枚 •バター…小サジ2杯 •しょう油…小サジ2杯
肉ダネ（混ぜ合わせる）
•鶏ももひき肉…100g
•細ねぎ…2本（小口切り）
•片栗粉…小サジ1杯
•塩、コショー…各少々

作り方
椎茸は石突きを取って軸を切り、肉ダネを6等分してカサの内側に詰めます。フライパンにバターを中火で溶かし、椎茸の軸と肉ダネの面を下にして並べます。焼き色がついたら裏返し、フタをして1分30秒位焼き、しょう油を加えて煮からめます。

汁もの 厚揚げとかぶのみそ汁

材料・作り方（2人分） 鍋にダシカップ3杯、厚揚げ（絹）1枚（ひと口大に切る）、かぶ2コ（皮をむき8つ割り）を入れて中火にかけ、煮立ったら弱火にします。具に火が通ったらかぶの葉と茎適量（ざく切り）を加え、みそ大サジ3杯を溶きます。

翌日以降の献立 ① 「ゆで小松菜」を使って

下ごしらえした「ゆで小松菜」（112頁）を使った主菜

主菜 小松菜と玉子のチャンプルー

ボリュームのあるヘルシーな塩味の炒めもの。

材料（2人分）
- ゆで小松菜（112頁）…1束
- 厚揚げ（絹）…1枚 ・玉子…2コ ・顆粒鶏ガラスープの素…小サジ$\frac{1}{4}$杯 ・塩…小サジ$\frac{2}{3}$杯
- 黒コショー…少々 ・ごま油…大サジ1杯

作り方

1 小松菜は軽くしぼり、根を切り落とし、長さ4cmに切ります。厚揚げはひと口大に切ります。

2 フライパンにごま油を中火で熱し、小松菜が温まるまで炒めます。厚揚げを加えて炒め合わせ、厚揚げが温まったら、塩、黒コショー、鶏ガラスープの素を加えて混ぜます。

3 フライパンの片側に具を寄せ、空いたところに溶き玉子を流し入れ、木ベラでゆっくり大きくかき混ぜます。玉子が半熟になったら全体を炒め合わせ、黒コショーを振ります。

副菜 ハム入りポテトサラダ

玉ねぎのシャキシャキした食感がアクセント。

材料（2～3人分）
- じゃがいも…2コ
- 玉ねぎマヨネーズ（126頁）…大サジ4杯
- ハム…2枚 ・塩…小サジ$\frac{1}{3}$杯
- コショー…少々

作り方

1 じゃがいもを洗い、ぬれたままラップに包み、電子レンジで5分加熱します。竹串を刺してスッと通れば取り出します。熱いうちに手で皮をむいてボールに入れ、フォークなどでつぶします。
※じゃがいものかたさをみて、水大サジ1杯程度を足しても結構です。

2 ハムは5mm角に切り、すべての材料を混ぜ合わせます。

汁もの 椎茸と鶏肉のスープ

ラーメンのスープのような、あっさり味。

材料（2人分）
- 鶏もも肉…$\frac{1}{2}$枚
※ゆで鶏（88頁）で作っても可。
- 椎茸…2枚
- 長ねぎ…$\frac{1}{2}$本
- しょう油…大サジ1$\frac{1}{2}$杯
- 塩、コショー…各少々
- 水…カップ3杯

作り方

1 鶏肉をひと口大に切ります。椎茸は石突きを取り、うす切りにします。長ねぎは斜めうす切りにします。

2 鍋に鶏肉と水を入れて中火にかけ、10分煮ます。椎茸、長ねぎを入れて、野菜に火が通ったら、しょう油を加え、塩・コショーで味をととのえます。
※ゆで鶏を使う場合は、手順2で水の代わりに、ゆで鶏のゆで汁（88頁）カップ1杯と水カップ2杯を加えて同様に作ります。

主菜 副菜

アレンジのヒント

チャンプルーの具は、もやし、ゴーヤ、炒めきのこ（124頁）、豚うす切り肉、油揚げ、ハム、ソーセージでも結構です。ポテトサラダは、じゃがいもの代わりに、長いも、里いも、かぼちゃなど、ほくほくするものが合います。具はしらす、塩揉みしたきゅうり、ゆで玉子、カッテージチーズ、プロセスチーズなどを加えてもよいでしょう。

翌日以降の献立 ②「ゆで小松菜」を使って

下ごしらえした「ゆで小松菜」（112頁）を使った主菜

主菜 小松菜と豚肉のオイスターソース炒め

にんにくとしょうがに食欲がわきます。

材料（2人分）

・ゆで小松菜（112頁）…1束
・豚うす切り肉…6枚
※ゆで豚（94頁）でも可。
・にんじん…3cm
・長ねぎ…$\frac{1}{2}$本
・にんにく…1片
・しょうが…6枚（うす切り）
・薄力粉…大サジ2杯
・サラダ油（またはごま油）…大サジ2杯

調味料

・オイスターソース…小サジ2杯
・しょう油…大サジ1杯

作り方

1 小松菜は軽くしぼり、根を落とし、長さ4cmに切ります。にんじんは皮をむき短冊切りに、長ねぎは斜めうす切りにします。にんにくとしょうがはせん切りにします。豚肉はひと口大に切り、薄力粉をまぶします。

2 フライパンにサラダ油を中火で熱し、豚肉を炒めます。肉の色が変わったら、にんじん、長ねぎ、にんにく、しょうがを加え、しんなりするまで炒めます。小松菜を加えて温まるまで炒めます。

※ゆで豚を使う場合は、小松菜の前に加えます。

3 強火にして調味料を加え、全体にからめます。

主菜 副菜 アレンジのヒント

主菜は、豚肉の代わりに鶏もも肉、厚揚げ、エビにしても合います。調味料を顆粒鶏ガラスープの素と塩・コショーに代えて、八宝菜風にしてもよいでしょう。副菜の具の野菜は、なす、きのこでも結構です。

副菜 油揚げとセロリの炒めもの

風味豊かなセロリの葉が主役。

材料（2人分）

・セロリ…2本
・油揚げ…$\frac{1}{2}$枚
・焼肉のタレ（127頁）…大サジ3杯
・サラダ油…小サジ2杯
・水…大サジ1杯

作り方

1 セロリの茎は斜めに幅5mmに切り、葉はざく切りにします。油揚げは短冊切りにします。

2 フライパンにサラダ油を中火で熱し、1をしんなりするまで炒めます。焼肉のタレ、水を加え、水気がなくなるまで炒めます。

汁もの ワカメと玉子のスープ

溶き玉子を入れたら、かき混ぜないのがポイント。

材料（2人分）

・塩蔵ワカメ…10g
※乾燥ワカメ5gでも可。
・玉子…1コ
・顆粒鶏ガラスープの素…小サジ1杯
・しょう油…小サジ1杯
・塩…小サジ$\frac{1}{2}$杯
・コショー…少々
・水…カップ3杯
※スープの素と水の代わりにゆで鶏やゆで豚のゆで汁（88、94頁）でも。

作り方

1 ワカメは商品の表示通りに水でもどし、ざく切りにします。

2 鍋に水、鶏ガラスープの素を入れて中火で沸かし、ワカメを入れます。煮立ったら塩・コショー、しょう油を加えます。火を強め、溶き玉子を少しずつ流し入れて火を止めます。

瀬尾幸子さんの献立素材

もやし

もやし3袋で2人分3献立の主菜または主食を作ります。
初日はそのまま炒め、残りを電子レンジで加熱しておきます。

1日目は、すぐに食べておいしい料理に

もやしと鮭のカレーあんかけ煮

〈献立は119頁〉

生のもやしは、フライパンに小さな水滴がなくなるまで中火でじっくりと炒めます。湯気が出て、水分が蒸発してきたら味つけをして仕上げます。最後に調味料を加えて煮詰め、味をなじませます。

翌日以降のために下ごしらえをしておきます

レンジもやし

冷蔵 4~7日

→ もやし入り中華風玉子焼き 〈献立①は120頁〉
→ ビビンバ 〈献立②は122頁〉

もやしは生のままだと傷みやすいので、加熱して日持ちさせます。ゆでるとうま味がゆで汁に逃げてしまうので、電子レンジでの加熱がおすすめ。歯ごたえも残り、うま味が逃げません。加熱して出た汁は、うま味があるので汁ものに加えても結構です。

材料（作りやすい分量）

- もやし…2袋（400～500ｇ）

作り方

もやしのひげ根は、気になるようなら取ります。耐熱容器に入れ、ラップをかけ、電子レンジで3分30秒～4分加熱します。ラップを取り、粗熱を取ります。

1日目の献立
◎もやしと鮭の
カレーあんかけ煮
◎ひき肉となすの炒めもの
◎玉ねぎとじゃがいものみそ汁
◎ご飯

主菜　もやしと鮭のカレーあんかけ煮

めんつゆを加えた和風のカレーあんを煮からめます。

材料（2人分）
・もやし…1袋　・細ねぎ…4本
・生鮭…2切れ
※ほぐし鮭（106頁）でも可。
・サラダ油…大サジ1杯
調味料（混ぜ合わせておく）
・カレー粉…小サジ1杯
・市販のめんつゆ（3倍濃縮）
…大サジ2杯
・水…カップ1杯
・片栗粉…小サジ2杯

作り方
1　もやしのひげ根は、気になるようなら取ります。生鮭は耐熱容器に入れ、ラップをかけて電子レンジで1分〜1分半加熱し、骨と皮を取ります。細ねぎはざく切りにします。
2　フライパンにサラダ油を中火で熱し、もやしを3分ほど焦がさないように炒めます。鮭を加えて炒め合わせます。調味料を加え、強火で煮立てます。ほどよいトロミがつくまで煮て、細ねぎを加えて混ぜます。

副菜　ひき肉となすの炒めもの

甘辛い焼肉のタレでご飯が進みます。

材料（2人分）
・合いびき肉…100g
※炒めひき肉（100頁）でも可。
・なす…3本（斜めうす切り）
・焼肉のタレ（127頁）…大サジ3杯　・サラダ油…小サジ2杯

作り方
1　フライパンにサラダ油を中火で熱し、ひき肉を炒めます。肉に火が通ったら、なすを加え、なすの透明感が出て柔らかくなるまで炒めます。
※炒めひき肉を使う場合は、なすから炒め始め、なすが柔らかくなってから肉を加えます。
2　強火にして焼肉のタレを加え、水気がなくなるまで炒めます。

汁もの　玉ねぎとじゃがいものみそ汁

材料・作り方（2人分）　鍋にダシカップ3杯、じゃがいも1コ（厚さ7㎜の半月切り）、玉ねぎ1/2コ（厚さ5㎜に切る）を入れて中火にかけ、具が柔らかくなったら、長ねぎ少々（小口切り）を加え、みそ大サジ3杯を溶き入れ、ひと煮します。

翌日以降の献立 ①
◎もやし入り中華風玉子焼き
◎きのことチーズの焼き春巻き
◎香味豚しゃぶ
◎ご飯

翌日以降の献立 ①「レンジもやし」を使って

下ごしらえした「レンジもやし」（118頁）を使った主菜

主菜 もやし入り中華風玉子焼き

玉子は強火で火を通し、ふわっと仕上げます。

材料（2人分）
・レンジもやし（118頁）…1/2袋分　・玉子…3コ
・桜エビ（乾燥）…大サジ2杯
・塩…小サジ1/4杯
・コショー…少々
・ごま油…大サジ1杯
・食べるラー油…適量

作り方
1 ボールに玉子をほぐし、塩・コショーを加えて混ぜます。
2 フライパンにごま油を中火で熱し、もやしをさっと炒めます。桜エビを加えて炒め合わせます。強火にして1を流し入れ、木べラでゆっくり大きくかき混ぜます。玉子が半熟になったら中火にして1分焼き、裏返します。両面を焼き、中まで火が通ったら取り出し、食べやすい大きさに切り、ラー油を添えます。

副菜 香味豚しゃぶ

ごま油を加えた中華風の味つけです。

材料（2人分）
・豚うす切り肉…8枚
※ゆで豚（94頁）でも可。
・サニーレタス…1枚
・薬味しょう油（127頁）の薬味…大サジ5杯
・薬味しょう油（127頁）のしょう油…大サジ2杯
・砂糖…小サジ1杯
・ごま油…小サジ2杯

作り方
1 鍋に湯を沸かし、豚肉をさっとゆでて火を通します。冷まして水気をきり、ひと口大にちぎります。
2 サニーレタスをちぎって器にしき、1をのせます。薬味しょう油、砂糖、ごま油を混ぜ合わせて、豚肉の上にかけます。

副菜 きのことチーズの焼き春巻き

オーブントースターで焼くヘルシーな春巻きです。

材料（3人分）
・炒めきのこ（124頁）…100g
・プロセスチーズ…2切れ
・春巻きの皮…6枚
・しょう油…小サジ1杯
・塩、コショー…各少々
・サラダ油…適量

水溶き片栗粉（混ぜ合わせておく）
・片栗粉…小サジ1杯
・水…小サジ2杯

水溶き薄力粉（混ぜ合わせておく）
・薄力粉…大サジ1杯
・水…大サジ1杯

作り方
1 プロセスチーズは長さ3㎝×5㎜角の棒状に切ります。
2 フライパンを中火で熱し、炒めきのこを入れて炒めます。きのこが温まったら塩・コショー、しょう油、水溶き片栗粉を加えてトロミをつけて、火から下ろして冷まします。
3 春巻きの皮を広げ、1と2を6等分して包み、巻き終わりを水溶き薄力粉を塗ってとめます。全体にサラダ油をハケでうすく塗ります。
4 焼き皿にのせ、オーブントースターで皮に焼き目がつくまで7分ほど焼きます。

主菜 副菜

アレンジのヒント

玉子焼きは、もやしのほかに、細ねぎや、もどした切り干し大根も合います。桜エビの代わりにホタテの水煮缶を使ってもうま味が出ます。春巻きの具は、ポテトサラダやひじきの煮ものなどのおかずを巻いてもよいでしょう。

翌日以降の献立 ②
◎ビビンバ
◎細ねぎとキムチのチヂミ
◎青菜と玉子のスープ

下ごしらえした「レンジもやし」（118頁）を使った主食

主食
ビビンバ

野菜たっぷりで食べごたえのある韓国風の丼です。

材料（2人分）
- 合いびき肉…150〜200g
※炒めひき肉（100頁）でも可。
- 焼肉のタレ（127頁）
…大サジ4杯
- コチュジャン、ご飯…各適量
- サラダ油…小サジ1杯

ナムル
- レンジもやし（118頁）
…1袋分
- にんじん…3cm
- 小松菜…4株
※ゆで小松菜（112頁）でも可。

調味料（混ぜ合わせておく）
- にんにく
…小サジ1/4杯（すりおろし）
- 顆粒鶏ガラスープの素
…小サジ1/4杯
- 塩、コショー…少々
- ごま油…小サジ2杯

作り方

1 フライパンにサラダ油を中火で熱し、ひき肉をほぐしながら炒めます。肉の色が変わったら、強火にして焼肉のタレを加え、水気がなくなるまで炒め煮します。

2 ナムルを作ります。にんじんはせん切りに、小松菜は長さ3cmに切ります。耐熱容器に入れ、ラップをかけて電子レンジで2分加熱し、レンジもやし、調味料を加えて和えます。

3 丼にご飯を少なめに盛り、ナムル、1、コチュジャンをのせ、全体をよく混ぜてからいただきます。

副菜
細ねぎとキムチのチヂミ

キムチのうま味と酸味で味に深みが出ます。

材料（2人分）
- 細ねぎ…1/2束　・白菜キムチ…50g　・薄力粉…カップ1/2杯
- 玉子…1コ　・水…大サジ2〜3杯　・ごま油…大サジ1杯
- ポン酢（126頁）…適量

作り方

1 細ねぎは長さ4cmに切り、キムチはざく切りにします。ボールに入れ、薄力粉を振り入れて、全体をよく混ぜます。玉子を加え手で混ぜます。かたさをみて、粉っぽさが残るなら水を少しずつ加えて混ぜます。

2 フライパンにごま油を中火で熱し、1を流し入れ、広げて焼きます。片面に焼き目がついたら裏返し、両面を焼きます。

3 焼き上がったら食べやすい大きさに切り、ポン酢をつけていただきます。

汁もの
青菜と玉子のスープ

あっさりとした中華風のスープです。

材料（2人分）
- 小松菜…2株（70g）
※ゆで小松菜（112頁）でも可。
- 長ねぎ…1/2本　・玉子…1コ
- 顆粒鶏ガラスープの素
…小サジ1杯
- ごま油…小サジ1杯
- 塩…小サジ2/3杯
- コショー…少々
- 水…カップ3杯

作り方

1 小松菜は長さ3cmに、長ねぎは斜めうす切りにします。

2 鍋にごま油を弱火で熱し、長ねぎをさっと炒めます。しんなりしたら、水、小松菜、鶏ガラスープの素を入れて中火にして煮立てます。小松菜が柔らかくなったら、塩・コショーを加えて火を強め、溶き玉子を少しずつ流し入れ、火を止めます。

副菜
アレンジのヒント

チヂミの具は、ズッキーニ、新玉ねぎ、ニラ、わけぎなど、アクが出ずに、火の通りやすいものが向いています。ポン酢の代わりに、酢じょう油や、レモン汁を加えたしょう油も合います。

瀬尾幸子さんの作りおき

味がさっと決まって重宝する、合わせ調味料を中心にご紹介します。

炒めきのこ

冷蔵1週間

味つけをしないので応用の幅が広がります。

材料（作りやすい分量）
- しめじ…1パック（150g）
- 椎茸…小8枚（120g）
- エリンギ…3本（100g）
- にんにく…1片
- サラダ油…大サジ1杯

※好みのきのこ（合計350〜400g）で結構です。

作り方

1 しめじは石突きを取り、ほぐします。椎茸は石突きを取り、5㎜位のうす切りにします。エリンギは4つ割り（大きければ6つ割り）にして、長さ3㎝位に切ります。にんにくはうす切りにします。

※火の通りが均一になるよう、きのこを同じ大きさに切りそろえます。

2 フライパンにサラダ油を中火で熱し、1をしんなりするまで炒めます。保存容器に入れ、冷まします。

・きのこのピリ辛酢のもの（97頁）
・炒めきのこの中華風スープ（103頁）
・炒めきのこのみそ汁（107頁）
・きのことチーズの焼き春巻き（121頁）
で使用します

甘酢

食欲のわく、まろやかで甘酸っぱい味わい。

常温 3カ月*

材料（作りやすい分量）
- 穀物酢…カップ1杯
- 砂糖…大サジ4～5杯
- 塩…小サジ1杯

作り方
ボールにすべての材料を入れてよく混ぜます。砂糖、塩が溶けたら保存ビンに移します。
※出来たてよりもしばらくおいた方が、酢のカドが取れてまろやかになります。寿司酢として使うと、さっぱりと軽く仕上がります。その場合、ご飯茶碗山盛り2杯分に、甘酢大サジ2杯を合わせます。

• きのこのピリ辛酢のもの（97頁）
• 鮭とパプリカの甘酢炒め（111頁）
で使用します

玉ねぎの甘酢漬け

あるとうれしい、さっぱりした箸休め。

冷蔵 1カ月*

材料（作りやすい分量）
- 玉ねぎ…1コ
- 甘酢（上記）…カップ1杯
- 水…カップ1杯
- しょう油（好みで）…大サジ1杯

作り方
玉ねぎはうす切りにし、ほぐします。保存容器に甘酢、水、しょう油を加えて混ぜ、玉ねぎを漬け、冷蔵庫で一晩おきます。

• タコと玉ねぎの酢のもの（99頁）
で使用します

カレーピクルス

コクのあるカレー味の洋風漬けもの。

冷蔵 3カ月*

材料（作りやすい分量）
・玉ねぎ…1コ　・ミニトマト…10コ　・うずらの玉子（水煮）…6コ
ピクルス液［・甘酢（上記）、水…各カップ1杯　・カレー粉…小サジ2杯　・サラダ油…大サジ1杯］

作り方
玉ねぎはひと口大に切ります。ミニトマトはヘタを取り、つま楊枝で数カ所穴を開けます。ピクルス液に具材を漬け、冷蔵庫で1週間おきます。

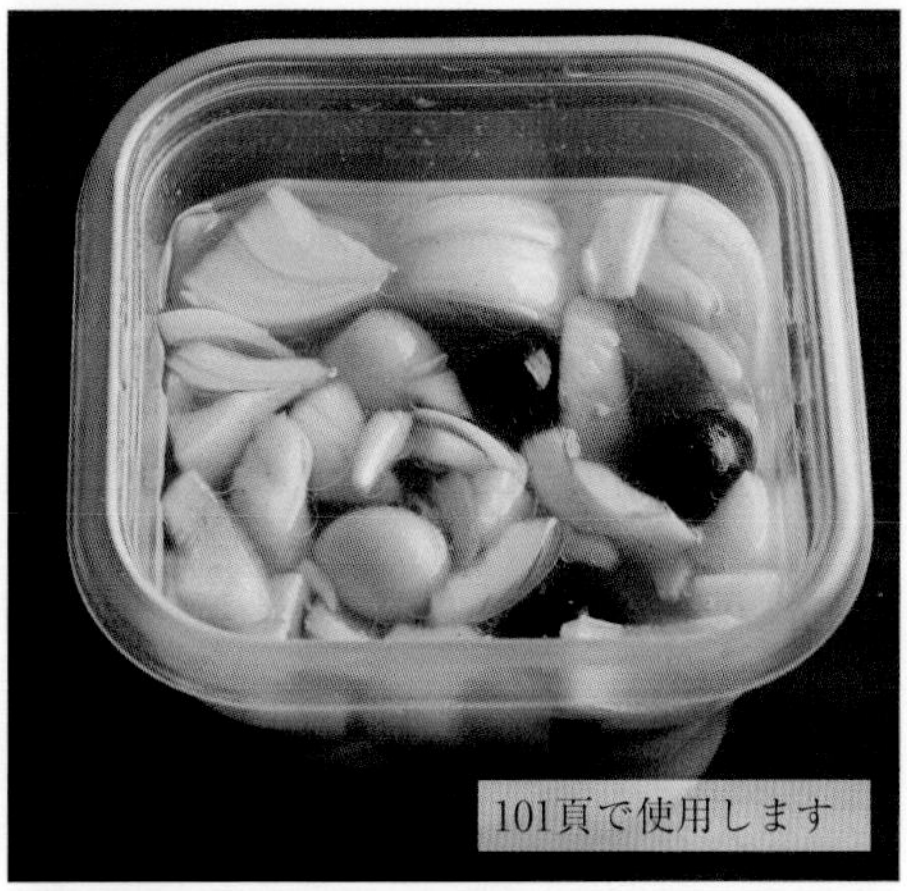

101頁で使用します

＊煮沸消毒した密閉容器（ビンなど）に入れた場合。

ポン酢

冷蔵1カ月＊

うま味豊かで、キリッとした味わいです。

材料（作りやすい分量）

- しょう油…カップ1杯
- 酢…カップ1/4杯
- 柑橘のしぼり汁…カップ1/4杯
- みりん…大サジ3杯
- かつおぶし…5g
- 昆布…5cm角1枚
- 水…カップ1/2杯

作り方

1 保存容器にすべての材料を入れ、一晩おきます。

2 1をザルで漉し、保存ビンに入れます。

※柑橘は、柚子、かぼす、だいだい、レモンなど、旬のもので結構です。鍋もののつけダレにしたり、ゆでたうどんに、大根おろしとともにかけてもよいでしょう。

・かぶのポン酢揉み（91頁）
・豆腐入りハンバーグ（101頁）
・ほうれん草のサラダ（101頁）
・カリフラワーのサラダ（103頁）
・きゅうりと豚のポン酢和え（109頁）
・細ねぎとキムチのチヂミ（123頁）
で使用します

玉ねぎマヨネーズ

冷蔵2週間

余った玉ねぎで気軽に作れます。

材料（作りやすい分量）

- 玉ねぎ…1/2コ
- マヨネーズ…カップ1杯

作り方

1 玉ねぎはみじん切りにします。

2 玉ねぎとマヨネーズをよく混ぜ合わせ、保存ビンに入れます。

※あっさりとしたタルタルソースのような味わいで、フライによく合います。納豆にかけたり、上記のポン酢と合わせてドレッシングにしてもよいでしょう。

・ブロッコリーとゆで玉子のサラダ（95頁）
・鮭フライ（107頁）
・ハム入りポテトサラダ（115頁）
で使用します

＊煮沸消毒した密閉容器（ビンなど）に入れた場合。

薬味しょう油

冷蔵 1週間

さわやかな薬味としょう油に食欲がわきます。

材料（作りやすい分量）

- 長ねぎ…1/2本（40g）
- しょうが…1片（20g）
- きゅうり…1/2本（40g）
- セロリの茎…10cm（40g）
- しょう油…適量

※このほか、みょうが、細ねぎを刻んで加えても結構です。

作り方

1 長ねぎ、しょうが、きゅうり、セロリはそれぞれみじん切りにします。

2 保存ビンに1を入れて、薬味が3/4位浸るまでしょう油を加えます（めやすはカップ2/3杯）。フタをして冷蔵庫に入れ、30分以上おいて味をなじませます。

• 薬味しょう油かけ冷奴（89頁）
• 鶏とワカメの薬味しょう油和え（111頁）
• 香味豚しゃぶ（121頁）
で使用します

焼肉のタレ

冷蔵 1カ月*

甘すぎず、自家製ならではのさっぱりとした味わい。

材料（作りやすい分量）

- 梨（またはりんご）…1/2コ
- にんにく…4片
- しょうが…30g
- しょう油…カップ1杯
- 砂糖…大サジ4～5杯
- 日本酒…カップ1/4杯

作り方

1 梨は4等分に切って皮をむき、芯を取ります。

2 すべての材料をミキサーに入れてなめらかになるまで撹拌し、保存ビンに入れます。

※ミキサーがない場合は、材料をすべてすりおろして混ぜます。焼肉のつけダレとしていただくのはもちろん、好みの肉を1時間ほど漬け込んで焼いてもよいでしょう。

• 油揚げとセロリの炒めもの（117頁）
• ひき肉となすの炒めもの（119頁）
• ビビンバ（123頁）
で使用します

毎日がつながる献立

主材料別さくいん

この本に掲載しているすべての料理を、使用する主な材料によって分類し、五十音順にまとめました。

（作）＝作りおきの頁でご紹介している常備菜、おかずの素、調味料ほか。

（下）＝下ごしらえしておいた半調理のもの。

※作りおきと下ごしらえのさくいん欄は最後にあります。

◎野菜のおかず

◎肉のおかず

◎魚介のおかず

◎玉子のおかず

◎豆・豆腐のおかず

◎スープ・汁もの

◎ご飯・パン・麺類

◎作りおき

◎下ごしらえ

暮しの手帖のおべんとうのおかず204

暮しの手帖編集部 編
定価 1540円

バリエーション豊かなおべんとうが、手早くおいしく作れると好評の別冊を書籍化しました。大庭英子さんの「定番素材のおかず」50品、川津幸子さんの「朝20分で作るおべんとうのおかず」39品、今泉久美さんの「野菜中心のヘルシーおかず」33品、ワタナベマキさんの「子どもと中高生のおかず」40品、そのほか「付け合わせおかず」26品と「ご飯とパン」16品をご紹介します。

神田裕行のおそうざい十二カ月

神田裕行 著
定価 2420円

『ミシュランガイド東京』で、16年連続三つ星（日本料理で最多）を獲得する「かんだ」主人の神田裕行さんが伝授する、「少ない材料で作りやすい」「適度なうま味だから飽きがこない」「できたても翌日もおいしい」おそうざいの本です。定番、四季の味など62品を収録しています。一つの料理をまずは三度、作ってみてください。作るほどに、ずっとおいしい「わが家の味」になるものです。

子どもに食べさせたいおやつ

おかあさんの輪 著
定価 1980円

育ちざかりの子どもたちにとって、〈四度目の食事〉ともいえるおやつ。市販のお菓子にたよっていていいのかしら……。そんな危機感を持つおかあさんたちが、試作を重ねた手作りおやつの本です。子どもの味覚と健康を考え、砂糖は控えめにしています。さっとできる「毎日のおやつ」、家族で楽しめる「週末のおやつ」、記念日には「特別な日のおやつ」。身近な食材を使い、手軽で作りやすいレシピばかりです。

子どもに食べさせたい すこやかごはん

おかあさんの輪 著
定価 1980円

食事を通じて子どもの体質改善に取り組む母親のグループによるレシピ集。好評の『子どもに食べさせたいおやつ』に続く第2弾です。本書では、食事をお米、味噌汁、お漬けものを土台とした「和食」にするという提案をしています。穀物と野菜を中心にして、たんぱく質は魚介や大豆からとる。できるだけ身近でとれた旬の食材を使う。味つけは素材の味を生かす。そんな工夫です。もちろん大人もおいしくいただけます。

おそうざい十二カ月

小島信平 料理
暮しの手帖編集部 編
定価 3630円

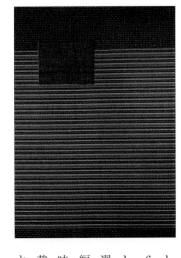

日本料理の達人といわれた小島信平さんを先生とする、いわば「おかずの学校」です。毎日のおかずをもっと大切にして、ほんの少しの心遣いでずっとおいしいものを作れるように。1956年に『暮しの手帖』でスタートした同名の連載より、201品を選んでいます。編集部が料理を作ってみて、皆で味見をし、好評だったものだけを載せています。贈りものにもおすすめのロングセラーです。

おそうざいふう外国料理

常原久彌、村上信夫、
戰美樸 協力指導
暮しの手帖編集部 編
定価 3960円

『暮しの手帖』に掲載したレシピのなかから、西洋ふう88品、中国ふう77品を選び出してまとめました。初版の1972年から半世紀にわたり版を重ねています。帝国ホテルの村上信夫さん、ロイヤルホテルの常原久彌さん、王府《ワンフー》の戰美樸《せんびぼく》さん。昭和後期を代表する三人の名料理人が、作り方をわかりやすく説明します。巻頭には「料理をはじめるまえに」というアドバイスを収録。多くの料理に応用できる技術が身につきます。

新版 吉兆味ばなし

湯木貞一 著
定価 1760円

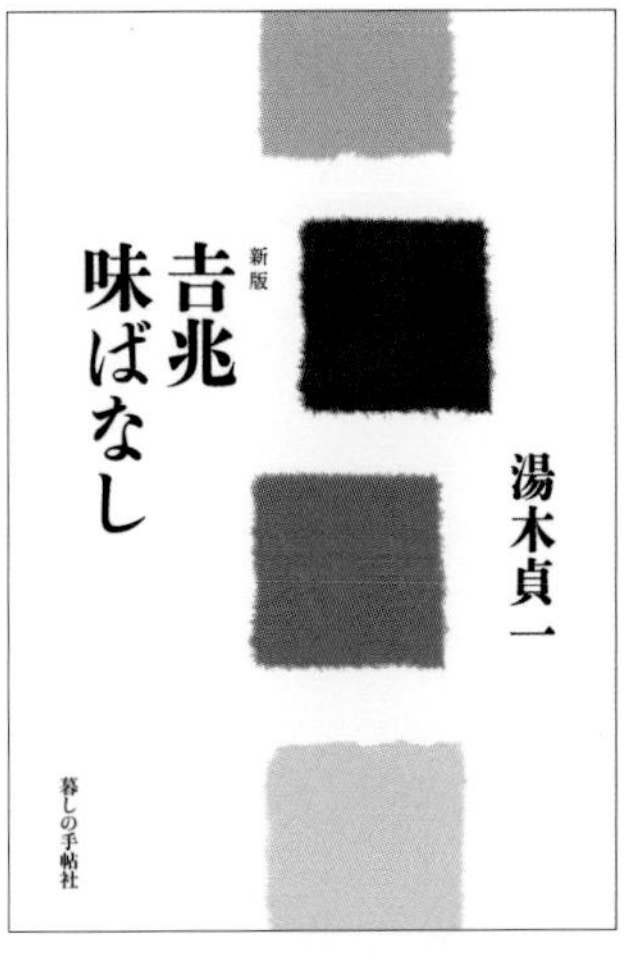

日本料理「吉兆」の創業者である湯木貞一さんが、生涯をかけて得た技を語った名著です。旧版は1982年刊行で、今では「料理人のバイブル」としても読みつがれています。
話の引き出し役は『暮しの手帖』編集長だった花森安治が務めました。季節の食材の生かし方、味の加減や盛り付けなど、日本料理の極意が語られています。吉兆さんの味を家庭で、と願った花森の思いが実った一冊です。

暮しの手帖の評判料理

暮しの手帖編集部 編
定価 1980円

『暮しの手帖』に掲載した、野菜・肉・魚のおかず、ごはんや麺類、スープ・汁・鍋ものなどから、長年にわたり読者に好評だったおそうざい147品を収録しました。ていねいな説明で、これから自炊をはじめる若い方や、食生活でも自立をめざす中高年の男性にも、わかりやすいと定評があります。白菜などの漬けもの12種、料理の基本になる、和風ダシやトリガラスープのとり方、庖丁の正しい研ぎ方も掲載しました。

手づくり調味料のある暮らし

荻野恭子 著

定価 1980円

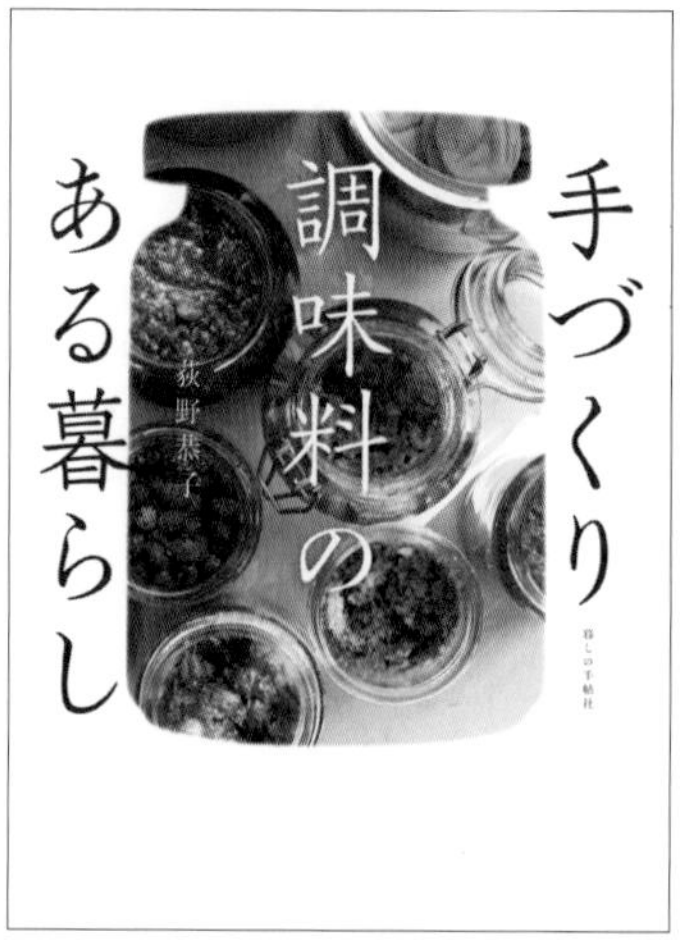

料理研究家の荻野恭子さんが日々の暮らしに取り入れている、手づくり調味料のレシピ集です。豆板醤やXO醤、コチュジャンに魚醤、ウスターソースなど世界各地の調味料から、米みそやしょう油といった身近なものまで、幅広くご紹介しています。原材料からこだわることができ、保存料などの添加物を使用せずに作れて「安心・安全」。想像以上の手軽さです。調味料を生かした季節ごとの展開料理も重宝します。

暮らしを美しくするコツ509
続 暮らしを美しくするコツ609

暮しの手帖編集部 編

定価 各1320円

『509』は、掃除と収納、もっとおいしい料理、洗濯とアイロン、健康的に続けるダイエット、心地よい睡眠の5つのテーマを収録。『609』は、台所仕事の工夫とアイデア、省エネ生活、食品の冷凍と解凍、手芸・裁縫の知識、美肌のための提案、育児としつけの6つのテーマを収録しました。もしも億劫になったら、それぞれの巻末に付いている「コツのための9のコツ」をご覧ください。

嫁入り道具の花ふきん教室

近藤陽絽子 著

定価 1650円

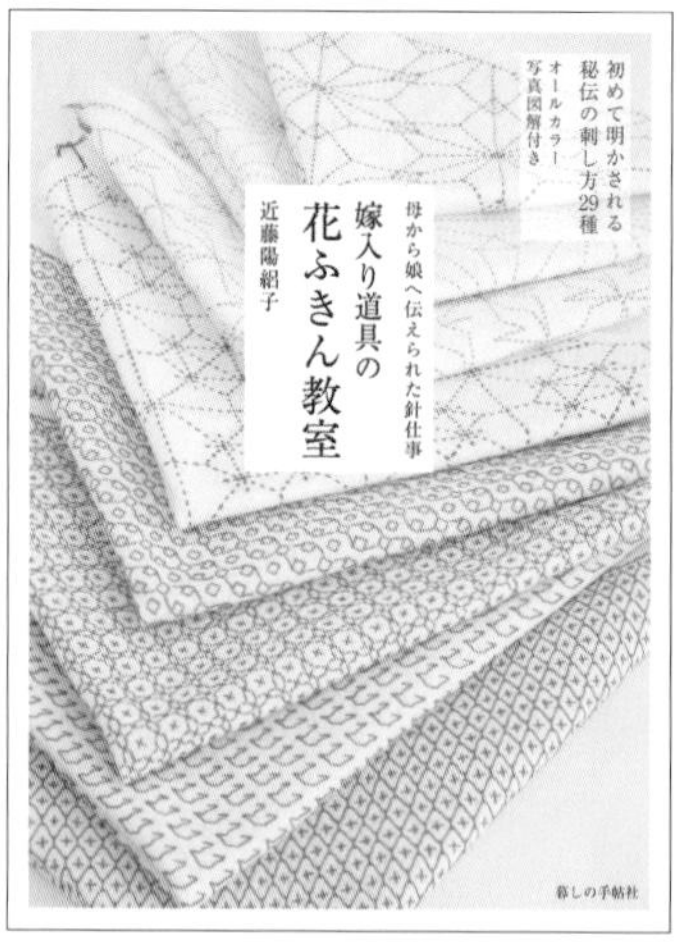

秋田には、母が娘の幸せを願い、刺し子を施した「花ふきん」を嫁入り道具に持たせる風習がありました。本書では著者の近藤陽絽子さんが、これまで手ずから教えてきた技法をお伝えします。自然や花などの「模様刺し」と、下線を引かない「地刺し」の図案29種を、オールカラーの写真図解付きでご紹介。大切な人や、自らの暮らしを思い浮かべ、ただ無心に針を運ぶ。そんな豊かな時間をお過ごしください。

すてきなあなたに

大橋鎭子 編著

定価 2640円

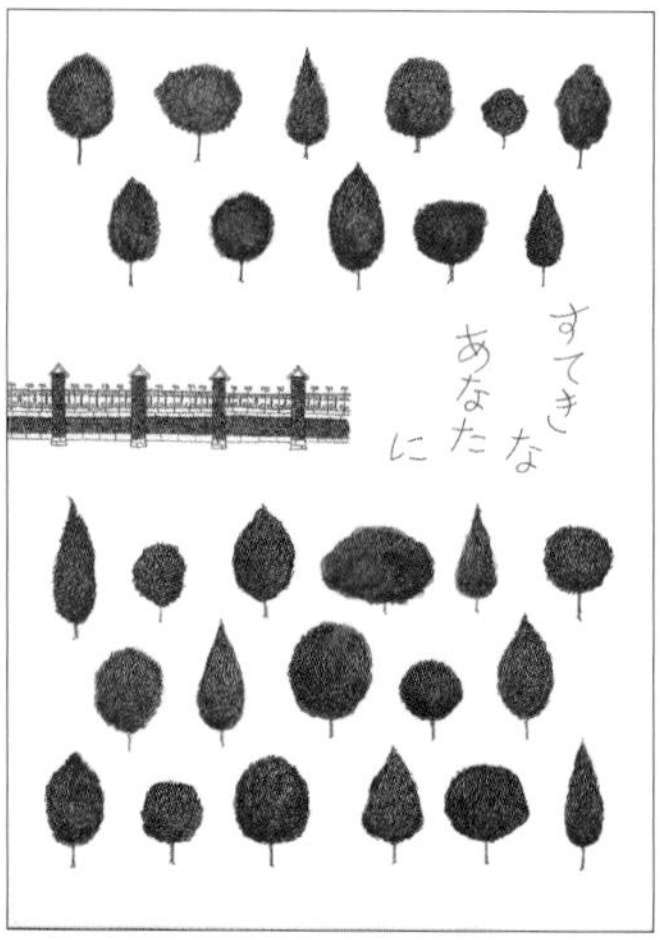

1969年に始まり、現在も続く『暮しの手帖』の連載「すてきなあなたに」。連続テレビ小説『とと姉ちゃん』で主人公のモチーフとなった、暮しの手帖社創業者の大橋鎭子が、長く編集を担当していました。296編のお話を、月ごとにまとめた全12章。花森安治が装釘した、函入り上製の美しい本です。おいしいもの、おしゃれをする心持ち、人との関わりなど、暮らしのささやかな出来事とその余韻が心にしみわたります。

小さな思いつき集 エプロンメモ

暮しの手帖編集部 編

定価 1540円

「エプロンメモ」は、1954年から現在まで続いている、『暮しの手帖』の人気連載です。前作から19年ぶりの刊行となる本書では、4世紀1号（2002年）以降に掲載した、628編をまとめています。食べもの、着るもの、住まいの手入れ、子育て、からだのこと、おしゃれ、人とのお付き合いなど、すぐに試したくなるアイデアと暮らしの楽しさが詰まった、小さな知恵の宝石箱です。

巴里の空の下オムレツのにおいは流れる

石井好子 著

定価 1760円

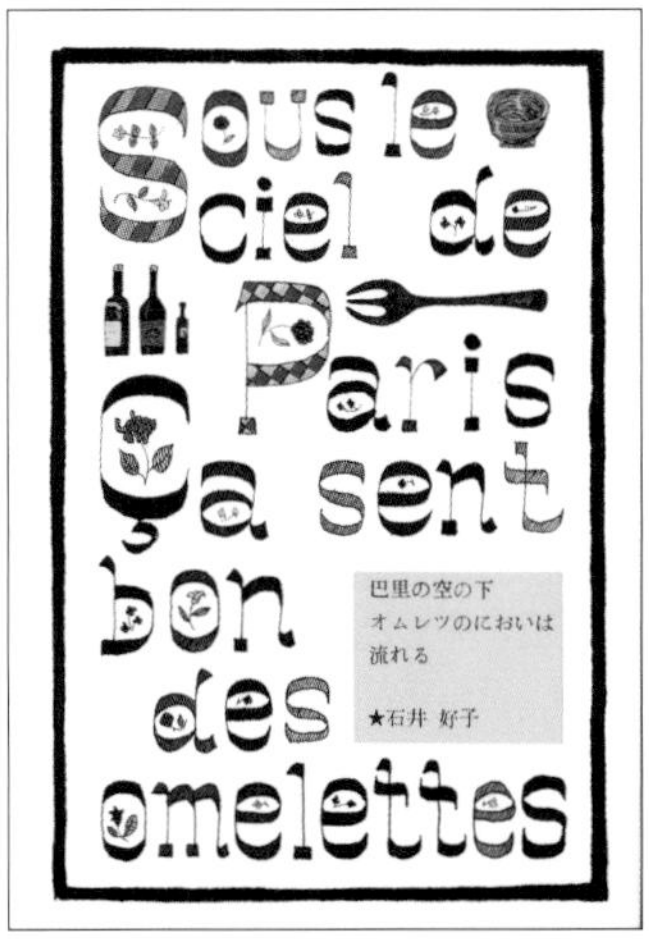

シャンソン歌手として活躍した、石井好子さんのエッセイ集です。1954年頃、パリから帰ってきた石井さんに「あなたは食いしん坊だからきっとおいしそうな文章が書けるよ」と編集長の花森安治が声をかけ、『暮しの手帖』での連載が始まりました。1963年に単行本化し、同年には「日本エッセイストクラブ賞」を受賞。石井さんの鼻唄が聞こえて来るような、とってもおしゃれで、楽しい名作です。

美しいものを

花森安治のちいさな絵と言葉集

暮しの手帖編集部 編

定価 1760円

花森安治が『暮しの手帖』の編集長を務めた約30年間に、誌面に描いた挿画は、大小合わせて数千点に及びます。緻密な線から美しさやユーモアが生まれ、誌面に華やかさを加えました。挿画は、『暮しの手帖』らしさをかもしだす、大切な要素でした。本書には、膨大な「ちいさな絵」から、線画を中心に約500点を集め、花森が残した暮らしにまつわる言葉を添えています。花森の美学の結晶をお楽しみください。

昔話の扉をひらこう

小澤俊夫 著

定価 2000円

人間の声は、相手の心に深く残り、人生を支える力があると語る、昔話研究の第一人者、小澤俊夫さん。スマートフォンやテレビを見る時間が長くなった今、子どもたちに生の声で物語を聴かせる機会は、いっそう大切になっています。人と人とをつなげる力、人生観や自然観、子育てのヒントなど、昔話が育むゆたかな世界へ、あなたをご案内します。

特別収録 ◎小さなお話集 全17話

◎二人の息子との初めての鼎談

（小澤淳さん、小沢健二さん）

■表示の価格は、税込（10%）です（2023年5月現在）。

新装保存版　毎日がつながる献立
二〇二三年五月二十七日　初版第一刷発行
著　者　暮しの手帖編集部
発行者　阪東宗文
発行所　暮しの手帖社　東京都千代田区内神田一ノ十三ノ一　三階
電　話　〇三－五二五九－六〇〇一
印刷所　凸版印刷株式会社

ISBN978-4-7660-0234-8　C2077　